HOLEN SIE MEHR AUS IHREM MARCO POLO RAUS!

SO EINFACH GEHT'S!

1 go.marcopolo.de/isr

2 downloaden und entdecken

GO!

OFFLINE!

SYMBOLE

- INSIDER TIPP — Insider-Tipp
- ★ Highlight
- ●●●● Best of ...
- Schöne Aussicht
- Grün & fair: für ökologische oder faire Aspekte

PREISKATEGORIEN HOTELS

€€€	über 120 Euro
€€	50–120 Euro
€	unter 50 Euro

Preise für zwei Personen im Doppelzimmer mit Frühstück

PREISKATEGORIEN RESTAURANTS

€€€	über 40 Euro
€€	20–40 Euro
€	unter 20 Euro

Preise für ein Essen mit Vor-, Haupt- und Nachspeise, ohne Getränke

 Titelthemen: Ausgehmeile Tel Aviv Port S. 46 | Abenteuer im Wüstenkrater S. 89

MARCO POLO

ISRAEL

MARCO POLO KOAUTORIN

Franziska Knupper

Eigentlich wollte Franziska Knupper nur einen kurzen Strandurlaub in Tel Aviv machen – doch die Liebe und die Sehnsucht nach Falafel und Tahin sorgten dafür, dass sie fünf Jahre später immer noch in Israel lebt. Seitdem berichtet sie als freie Journalistin für deutschsprachige Zeitungen, Magazine und Radiosender über alle Kuriositäten aus dem heiligen Land.

DIE TOUREN-APP

zu den Erlebnistouren zeigt, wo's langgeht: inklusive Tourenverlauf und Offline-Karte

EVENTS & NEWS

Schnell die wichtigsten Infos auf dem Smartphone: Events, News, neue Insider-Tipps und ggf. aktualisierte Erlebnistouren als PDF zum Downloaden

GUT ZU WISSEN
Geschichtstabelle → S. 14
Spezialitäten → S. 28
Wenn der Shabbat beginnt → S. 46
Gay Tel Aviv → S. 51
Lesehunger & Augenfutter → S. 52
Briefkasten Gottes → S. 75
Per Light Rail durch Jerusalem → S. 82

KARTEN IM BAND
(130 A1) Seitenzahlen und Koordinaten verweisen auf den Reiseatlas
(0) Ort/Adresse liegt außerhalb des Kartenausschnitts
(U A1) Koordinaten für die Karte von Jerusalem im hinteren Umschlag

Stadtplan Tel Aviv→ S. 44

(A–B 2–3) verweist auf die herausnehmbare Faltkarte
(a–b 2–3) verweist auf die Zusatzkarte auf der Faltkarte

UMSCHLAG VORN:
Die wichtigsten Highlights

UMSCHLAG HINTEN:
Stadtplan Jerusalem

Die besten MARCO POLO Insider-Tipps

Von allen Insider-Tipps finden Sie hier die 15 besten

INSIDER TIPP Zwischen Kunst und Mauer
Besuchen Sie das neue, kontroverse Hotel des Street-Art-Künstlers Banksy neben der Trennmauer in Bethlehem. Das *Walled Off* wirbt für sich als „Hotel mit der schlechtesten Aussicht“ → S. 83

INSIDER TIPP Couscous an Ziege-Fenchel
Orientalisch und modern – das gibt es bei den hippen Fusionköchen von *Port Said* in Tel Aviv → S. 49

INSIDER TIPP Am Rande des Kraters
Wer durch den Negev nach Eilat fährt, passiert mitten in der Wüste *Mitzpe Ramon,* den gigantischen Krater eines Meteroriten. Steigen Sie aus und laufen Sie am Kraterrand entlang → S. 89

INSIDER TIPP Subkultur pur
Im Club *Kabareet* in Haifa erleben Sie palästinensischen Underground und die arabische Musikszene → S. 41

INSIDER TIPP Gründe zum Gründeln
An den unerschlossenen Stränden *Mosh* und *Migdal Or* außerhalb von Eilat schnorcheln Sie fern vom Touristenschwarm → S. 91

INSIDER TIPP Israels schönste Jugendherberge
Am Ufer des Sees Genezareth liegt die Jugendherberge *Karei Deshe*, die – umgeben von Palmen und viel Grün – mit wenig üblichem Jugendherbergsflair aufwartet. Ein guter Ort, um sich seinen Träumen hinzugeben → S. 59

INSIDER TIPP Auf mächtigen Mauern wandeln
Umkreisen Sie die Innenstadt auf der *Wehr- und Befestigungsanlage* Akkos. Die Gischt im Gesicht! → S. 35

INSIDER TIPP Party in der Wüste
Besuchen Sie das *Midburn Festival* mitten in der Negev-Wüste und leben Sie eine Woche autark, bunt und staubig! → S. 115

INSIDER TIPP Drink Palestinian

Der Werbespruch der einzigen palästinensischen Brauerei und Winzerei im Westjordanland klingt selbstbewusst. Probieren Sie deren regionale Weine und ein Bier zum Oktoberfest im christlichen Bergdorf Taybeh (Foto li.) → S. 84

INSIDER TIPP Wie Schwalbennester an einer Felswand

Das *St.-Georgs-Kloster* im Wadi Qelt sieht aus wie aus einem Märchen und ist – auch fast märchenhaft verwunschen – über einen beschwerlichen, aber eindrucksvollen Wanderweg zu erreichen (Foto re.) → S. 85

INSIDER TIPP Die edelste christliche Pilgerstätte

Der Vatikan ist Besitzer von *Notre Dame de Jerusalem*. An diesem edlen Ort übernachten Bischöfe, Priester und Pilger. Aber Müdigkeit kennt keine Ehrfurcht: Gesellen Sie sich ruhig mutig dazu. Hier schläft sich's gut → S. 80

INSIDER TIPP Dem Wunder ganz nah

In der Nähe von Nazareth liegt das kleine *Kana*, das aus der Bibel als Ort der Hochzeit von Kana'an bekannt ist. Hier vollbrachte Jesus das Wunder, Wasser in Wein zu verwandeln → S. 58

INSIDER TIPP Zu Gast beim Wiener Erzbischof

Im *Österreichischen Hospiz* entspannen Sie sich im grünen Innenhof wunderbar nach Ihrem abenteuerlichen Altstadtbummel in Jerusalem → S. 80

INSIDER TIPP Karneval à la Israel

Wer im Frühling das heilige Land besucht, sollte ein Kostüm einpacken: An *Purim* sind die Straßen voll und bunt → S. 115

INSIDER TIPP Der beste Hummus Tel Avivs

Bei *Abu Hassan* in Tel Aviv gibt es den besten Hummus der Stadt. Sie müssen unbedingt *Msabbaha* probieren → S. 48

BEST OF ...

TOLLE ORTE ZUM NULLTARIF

Neues entdecken und den Geldbeutel schonen

SPAREN

Trommeln bei Sonnenuntergang

In Tel Aviv begrüßen unfromme Israelis am frühen Freitagabend den Shabbat auf ihre Weise: Sie versammeln sich mit Trommeln am Strand und geben Ihnen zwei Stunden lang ein *Gratiskonzert* → S. 40

Im Vogelparadies

Bei Eilat erleben Sie im riesigen Areal des *International Birdwatching Center (IBRCE),* wie Millionen Zugvögel im Naturschutzgebiet der Lagunen zwischenlanden. Fernglas mitbringen! → S. 94

Der Regierung auf die Finger schauen

In der *Knesset,* dem israelischen Parlament in Jerusalem, wird heftig um die Zukunft des Landes gestritten. Wer will da nicht mal live erleben, was sonst nur durch Nachrichtensendungen transportiert wird? Die Politiker streiten zwar auf Hebräisch, aber die kostenlosen Führungen sind auf Deutsch → S. 81

Im ältesten Stadtteil Tel Avivs

Nach *Old Yafo* geht man für Hummus, Altstadt und Flohmarkt. Eine kostenlose Tour, auf der Ihnen Geschichte und Alltag des Viertels in Tel Aviv nähergebracht wird, macht das jeden Mittwoch möglich → S. 47

Fast wie im Freilichtmuseum

Im Jerusalemer Viertel der „Hundert Tore", *Mea Shearim,* erleben Sie die jüdische Orthodoxie wie in einem Open-Air-Museum. Als wäre seit dem 19. Jh. kein Tag vergangen! Kleiden Sie sich züchtig, seien Sie sparsam mit den Fotos und machen Sie bloß keinen Lärm am Shabbat! (Foto) → S. 74

Gartenspaziergang

Blumenfreunde hergehört! In den Bahaigärten in Haifa kommen Sie auf Ihre Kosten. Terrassenförmig erstrecken sich die Palmen- und Blumenbeete den *Berg Carmel* hinab. Bei kostenlosen Führungen gibt es nicht nur (exotische) Blumen satt, sondern auch prächtige Ausblicke auf die Stadt! → S. 38

Diese Punkte zeichnen in den folgenden Kapiteln die Best-of-Hinweise aus

TYPISCH ISRAEL
Das erleben Sie nur hier

Im Kibbuz
Vor 100 Jahren gründeten die ersten zionistischen Siedler die Kibbuzim. Heute ist nur noch wenig vom sozialistischen Gedankengut geblieben. Die meisten sind als Hotels sehr beliebt, darunter *En Gev* am See Genezareth → S. 61

Natürlich koscher
Nach den jüdischen Speisegesetzen ist so einiges nicht erlaubt – es kann aber alles trotzdem lecker sein! Überzeugen Sie sich davon im *Café Batya* in Tel Aviv, wo bibeltreu gekocht wird, es aber trotzdem keine Abstriche in puncto „lecker" gibt → S. 48

Auf den Spuren der Bibel
In keinem anderen Land der Welt kommen Sie den in der Bibel geschilderten Ereignissen so nahe wie in Israel. Besuchen Sie die *Verkündigungskirche* in Nazareth, wo Maria von der nahenden Geburt Jesu' erfahren haben soll → S. 56

Shabbat an der Klagemauer
Festlichkeit und große Hüte erleben Sie an der *Klagemauer* vor allem freitagabends. Kurz vor Beginn des Shabbats strömen die gläubigen Familien zum großen Gebet. Schließen Sie sich an, lassen Sie das Smartphone in der Tasche (Foto) → S. 73

„The Wall"
Wer an der 8 m hohen *Schutzmauer* aus Beton im Ost-Jerusalmer Stadtteil El Tur entlangläuft, wird Zeuge vieler künstlerischer und politischer Graffitis an dieser „Leinwand" der Geschichte, die zur Abgrenzung der Westbank errichtet wurde → S. 76

Heldenepos
Über den „Schlangenpfad" oder mit der Seilbahn geht's hinauf zur Festung *Massada* am Toten Meer. Abends können Sie in einer spektakulären Sound-and-Light-Show erfahren, warum der Ort, der für den Staat Israel der Mythos heldenhaften Judentums ist, nie wieder fallen darf → S. 94

Drei Religionen – ein Land
Erleben Sie im *Wadi Nisnas* in Haifa, wie bei Weihnachten, Chanukkah und Ramadan die unterschiedlichen Glaubensvorstellungen miteinander feiern → S. 39

TYPISCH

BEST OF ...

WETTER

SCHÖN, AUCH BEI HITZE

Aktivitäten, die Laune machen

● ***Im Schatten der Oliven***

Wenn Sie genug von lärmenden Pilgern und betenden Gläubigen haben, sollten Sie unbedingt einen Stopp im *Garten Gethsemane* einlegen und im Schatten der knorrigen Olivenbäume Kraft in Jerusalem tanken → S. 74

● ***Unter Tage***

Die christlichen Kreuzritter haben die Hafenstadt *Akko* als Festung ausgebaut und 200 Jahre lang als ihren Nachschubhafen aus Europa genutzt. Heute erkunden Sie die prächtigen Zeremoniensäle der Templer und ihre Wehrgänge unter der Erde (Foto) → S. 34

● ***Einkaufen bis zum Umfallen***

Ab in die Shoppingmalls, sie bieten Abkühlung in Israels Hitze! In der *Sarona-Kolonie* in Tel Aviv wandeln Sie auf den Spuren der deutschen Templer, probieren bestes Sorbet und bewundern israelischen Schmuck – garantiert sonnengeschützt und klimatisiert! → S. 49

● ***Geschichte erleben***

Im *Israel-Museum* in Jerusalem, dem größten und bedeutendsten Museum des Landes, tun Sie wirklich etwas für Ihre Bildung. Hier gibt's die ganze Israel-Geschichte, die ursprünglichen Bibeltexte aus Qumran und eine Rekonstruktion Jerusalems zur Zeit der Römer → S. 72

● ***Unterwasserfreu(n)de***

Im *Underwater Observatory Park* erleben Sie die bunte Meereswelt in Eilat, ohne dafür ins kühle Nass springen zu müssen. Fische mit Schleiern, Neonfarben, Hörnern sowie Wasserschildkröten, Haie und Delphine – bei einer Tour mit dem Glasbodenboot finden Sie hier sicher Ihren Unterwasserliebling → S. 91

● ***In der Gedenkstätte***

Das *Yad-Vashem-Museum* in Jerusalem erinnert an die Ermordung der 6 Mio. europäischen Juden durch die Nationalsozialisten während des Zweiten Weltkriegs. Nehmen Sie sich Zeit für dieses wichtige Kapitel Vergangenheit → S. 77

ENTSPANNT ZURÜCKLEHNEN

Durchatmen, genießen und verwöhnen lassen

ENTSPANNT

Lassen Sie Ihre Träume im Zimmerbus Fahrt aufnehmen

Ein Wüsten-Get-away! Im sogenannten *„Zimmerbus"* in einer Kommune in Ezuz können Sie in kurioser Atmosphäre nächtigen und Ihrem Schlaf einen neuen Kick verleihen: Fernbus von außen, Hotelzimmer von innen → S. 89

Schwimmen ohne unterzugehen

Sich aufs Wasser legen, schwimmen, ohne sich bewegen zu müssen, geschweige denn unterzugehen? Das können Sie! Aber das geht nur 400 m unter dem Meeresspiegel im *Toten Meer* – ein einmaliges Erlebnis → S. 92

Wellness in Jerusalem

Auch in der heiligsten Stadt hat der Körper Anspruch auf irdisches Wohlbefinden. Lassen Sie es sich im *American Colony Hotel* in Jerusalem bei Kräuteraufguss und Massage gut gehen → S. 79

Bucht, Hippies, Chillen

Im *Naturpark Achziv,* dem letzten Nationalpark vor der libanesischen Grenze, kann man die Seele baumeln lassen. In der Bucht sind Sie fast ganz allein. Nur das Ehepaar Avivi, zwei Althippies, ist da und besetzt den Strand seit Staatsgründung → S. 37

Über den Dächern von Jerusalem

Verabschieden Sie den Tag beim Ruf des Muezzin auf dem Dach einer edlen vatikanischen Pilgerherberge gegenüber der Jerusalemer Altstadt. Im *Roof Top* hält bei „Wine and Cheese" die Welt einen Moment still → S. 77

Sonnenbaden in Tel Aviv

Wenn morgens die Jogger verschwunden sind, beginnt der Strandtag in *Tel Aviv.* Am langen Sandstrand wird stolziert und gefaulenzt, Strandtennis gespielt und Schischa geraucht. Finden Sie aber zunächst den Abschnitt, der zu Ihnen passt, denn alle hundert Meter ändert sich das Publikum! (Foto) → S. 49

AUFTAKT

ENTDECKEN SIE ISRAEL!

Wollten Sie immer schon einmal den tiefsten Punkt der Erde besuchen? Oder mit bunten Fischen schwimmen? Eine Bar Mitzwa mit Klarinette an der Klagemauer erleben und danach *Schawarma* und Falafel essen? ***Bis morgens am Strand tanzen***, durch heilige Ruinen klettern und in schattigen Oasen schwimmen? All das können Sie in Israel in nur ein paar Tagen schaffen – alle Erlebnisse sind schnell erreichbar.
Israel ist ein winziges Land, nur halb so groß wie die Schweiz. Gerade deshalb können Sie mit Muße reisen und sich für jeden Ort genügend Zeit nehmen. Das sollten Sie auch. Denn obwohl das Land klein ist, wird Israel Sie mit seinen Extremen – klimatisch, politisch, religiös und kulinarisch – überraschen. Jede Ihrer Vorstellungen, die Sie vor der Abreise hegten, wird vor Ort eine andere Schattierung erhalten.
Die meisten Besucher beginnen ihre Reise in Tel Aviv und unternehmen von dort Ausflüge gen Norden und Süden. Die Mittelmeermetropole ist das ***moderne Herzstück*** des Landes. Hier spürt man keinen wesentlichen Unterschied zu westlichen Großstädten. In Tel Aviv hat man vor allem Spaß – in Cafés, am Stadtstrand, bei einer Ausstellung, einem Konzert, einem Glas Wein. Gebetet wird dafür in Jerusalem, gearbeitet in Haifa. So jedenfalls lautet das israelische Sprichwort.

Bild: Jerusalem Altstadt

Hinauf nach Jerusalem! Gilt nicht nur für ultra-orthodoxe Juden

Israel ist ein unvergleichlicher Mix aus Natur, Kultur und Geschichte, jeder findet seins! Während der eine über die Dächer Jerusalems spaziert, nimmt der andere ein ***Salzbad*** im Toten Meer oder trinkt süßen Tee mit Beduinen. Sie mögen Wasserfälle? Gibt´s im Norden. Wie wär's mit ***Sternschnuppennächten***? Ab in den Süden. Und in jedem Fall müssen Sie „hinauf nach Jerusalem", 800 m hoch in die judäischen Berge nach „El Kuds", zur Heiligen – wie die Araber Jerusalem nennen. Am besten wandern Sie morgens durch die Altstadt, wenn das Leben erwacht. Die palästinensischen ***Bazarbesitzer*** dekorieren ihre Waren, an der Klagemauer begrüßen fromme Juden den Tag, Franziskaner eilen in ihren braunen Kutten zur Grabeskirche, durch die engen Gassen patrouillieren junge israelische Soldaten.

Wasserfälle, Roof Tops Sternschnuppen – jeder findet seins

1500 v. Chr. Hirtenstämme wandern aus Mesopotamien (heute Irak) nach Palästina ein

957 v. Chr. König Salomon errichtet den Ersten Tempel in Jerusalem

587 v. Chr. König Nebukadnezar II. zerstört den Ersten Tempel. Die Zeit der sogenannten „Babylonischen Gefangenschaft" beginnt

30 n. Chr. Kreuzigung von Jesus von Nazareth

66–70 Große Revolte, die jüdische Bevölkerung lehnt sich gegen die Römer auf

Dass Religion sowohl verbinden als auch trennen kann, spüren Sie gerade in Israel. Hier leben Juden, Christen und Moslems untereinander und miteinander, in Frieden und in Gewalt. An manchen Orten scheint es kaum harmonischer zugehen zu können, an anderen kommt es tagtäglich zu Ausschreitungen. Die Präsenz von Militär und Waffen wird Ihnen zu Beginn noch seltsam vorkommen. Am Schluss bemerken Sie den Soldaten mit Maschinengewehr im Supermarkt gar nicht mehr. Glauben Sie nicht, dass es mit den drei ***monotheistischen Weltreligionen*** getan wäre! Das Wirrwarr geht auch innerhalb der Glaubensgemeinschaften weiter: Da sind die Chassidim und die Orthodoxen, die Protestanten, die Kopten und die Katholiken. Hinzu kommen Pilger und Sinnsuchende, einwandernde Juden aus der ganzen Welt, christliche Araber, Beduinen, Drusen, Palästinenser, Kabbalisten, Samariter, Evangelisten. Religion durchdringt jeden Teil des Lebens. Im politischen Alltag sind die religiösen Parteien seit der Staatsgründung stets das Zünglein an der Waage und das Oberrabbinat wacht streng darüber, dass auch heute die jüdische Lebensweise mit den ***Regeln der Thora*** in Einklang stehen.

Religion durchdringt jeden Teil des Lebens

Dies wird häufig kritisiert, aber Sie sollten sich immer wieder in Erinnerung rufen, dass Juden nur in Israel und zum ersten Mal seit 2000 Jahren ihre Religion so frei und offen leben können. Israel ist das einzige mehrheitlich von Juden bewohnte Land der Welt und der Existenzgrund der Nation ist hauptsächlich Verfolgung und Vernichtung des jüdischen Volkes durch die Nationalsozialisten. Als deutscher Tourist sollte man jedoch nicht schuldbewusst die Reise beginnen – ***Israelis suchen das Gespräch*** und sind sich der Scheu deutscher Besucher bei diesem Thema bewusst. Vor allem junge Israelis werden Sie mit einer Liebe für Berlin, Techno und deutsches Bier überraschen.

Egal, mit welchem Bild Sie gekommen sind – machen Sie sich darauf gefasst, dass Ihre Überzeugungen ins Wanken kommen werden. Denn Israel ist komplex, voller Extreme und niemals zu fassen. Neben Soldaten und Kippaträgern sind da auch die ***säkularen Juden***, die mit all dem nichts zu tun haben wollen. Die sich ärgern, dass am Shabbat kein Bus fährt. Die sich wünschen, dass auch die Ultra-Orthodoxen im Militär dienen müssen. Da sind die Nationalisten, die darauf hoffen, dass das ganze Westjordanland eines Tages den Juden gehört, und auf der anderen Seite protestie-

692 Der Felsendom wird unter muslimischer Herrschaft fertiggestellt

1099–1187 Die Kreuzritter plündern, missionieren und bauen Festungen

1517 Die Osmanen erobern Jerusalem

1897 Theodor Herzl beruft den ersten Zionistenkongress in Basel ein, Gründung der zionistischen Weltorganisation

1918 Großbritannien sichert sich Palästina als Mandatsgebiet des Völkerbunds

ren die linksgerichteten Aktivisten jeden Samstag in Tel Aviv gegen die Besatzung. Da sind die Beduinen, die von alledem nichts wissen wollen, und die ehrgeizigen Start-up-Gründer in Tel Aviv, die mit ihren E-Bikes über den Rothschild Boulevard rasen.

Außerhalb der großen Städte geht es ruhiger zu. ***Zypressen und Olivenbäume*** bestimmen die Landschaft. Von Bergketten umrahmt liegt hier 200 m unter dem Meeresspiegel der See Genezareth, dessen Wasser heute sogar dem Negev zugute kommt. Unweit des Kibbuz Deganya, des ersten in Palästina gegründeten Kibbutz (1908), tritt der Jordan aus dem See aus, um nach etwa 100 km im Toten Meer zu versiegen. Im Osten liegt Jordanien, im Norden der Libanon und im Nordosten, hinter den Golan-Höhen, beginnt schon Syrien. Der Gaza-Streifen befindet sich im Südwesten, zwischen Israel und Ägypten. Mit Jordanien und Ägypten lebt Israel derzeit in Frieden. Doch trotz aller ***Koexistenz und Farbenfrohheit*** ist Israel seinen Nachbarn ein Dorn im Auge. Und durch den Konflikt mit dem palästinensischen Volk und die Besetzung des Westjordanlands droht Israel die Unterstützung internationaler Partner zu verlieren. Begriffe wie Intifada, Sechs-Tage-Krieg, Hamas oder Hisbollah sind kaum von Israel zu trennen. Und in jüngster Vergangenheit schwappten mit der sogenannten „Messer-Intifada", der Verlegung der US-Botschaft und mit den Freitagsprotesten an der Grenze zu Gaza neue Wellen der Gewalt über das Land.

Die Farbenfrohheit trotzt den Differenzen

Dabei sah es Anfang der 1990er-Jahre so aus, als hätte der Frieden eine Chance. 1994 erhielten Simon Peres, Yitzhak Rabin und Yassir Arafat den ***Friedensnobelpreis***, weil sie eine Vereinbarung erarbeitet hatten, an deren Ende zwei unabhängige, sich gegenseitig anerkennende Staaten stehen sollten. Aber Yitzhak Rabin wurde 1995 von einem jüdischen Fanatiker ermordet. Unter Ministerpräsident Ariel Sharon eskalierte die Situation durch die Selbstmordattentate einzelner Palästinenser und israelischerseits durch den Bau einer Mauer zwischen Israel und der Westbank, die zudem völkerrechtswidrig zum Teil auf dem besetzten Gebiet des zukünftigen Palästinenserstaats verläuft. Der israelische Abzug aus dem Gaza-Streifen im gleichen Jahr erfolgte zu spät, um als ***Friedensgeste*** gewertet zu werden. In Gaza regiert seitdem die radikale Hamas in Konfrontation mit dem Präsidenten Mahmoud Abbas in Ramallah. Es gab stets Versuche für einen Frieden, die aber an den Gebietsansprüchen Israels jenseits

1947
Die UN schlagen eine konföderative Teilung Palästinas vor

1948
Am 14. Mai ruft David Ben-Gurion in Tel Aviv den Staat Israel aus

1967
Israel erobert die Golan-Höhen, die Westbank sowie den Sinai. Die UN fordern den israelischen Rückzug

1973
Yom-Kippur-Krieg. Israel beginnt mit der Besiedlung der eroberten Gebiete

1987
Auflehnung der Palästinenser in den besetzten Gebieten (1. Intifada)

seiner Grenzen von 1967 scheiterten. Dabei spielten die israelischen Siedlungen in der Westbank eine erhebliche Rolle. 2011 brachte sogar der US-amerikanische Präsident Obama öffentlich diese Grenzlinie für eine ***Zwei-Staaten-Lösung*** ins Gespräch und näherte sich damit den Forderungen der UN an. 2015 lehnte Ministerpräsident Netanyahu zum ersten Mal auch öffentlich jede Zwei-Staaten-Lösung ab. Und 2017 erkannte US-Präsident Donald Trump trotz Warnungen der internationalen Staatengemeinschaft Jerusalem als Hauptstadt Israels an.

Viele Stolpersteine liegen auf dem Weg des Friedens. Mit Israelis dieses hochsensible Thema zu diskutieren, ihnen Fragen zu stellen, ihre Meinung zu hören, das ist für Besucher ohne Schwierigkeiten möglich. Ob im Kibbuz in der Natur, in einer Kneipe in Tel Aviv oder bei einer Wüstentour – Immer trifft man dabei Israelis, die sehr offen, manchmal auch sehr kritisch über ihr Land und seine Zukunft reden.

Tief, tiefer, See Genezareth: 200 m unterm Meeresspiegel finden Sie ihn

ab 2001 2. Intifada, palästinensische Selbstmordattentate

2005 Räumung des Gaza-Streifens. Israel baut Mauer z. T. auf Palästinenser-Gebiet

2008 Krieg im Gaza-Streifen

2009 Benjamin Netanyahu wird Ministerpräsident

2014 Krieg im Gaza-Streifen

2018 US-Botschaft wird nach Jerusalem verlegt, USA erkennen Jerusalem als offizielle Hauptstadt Israels an

IM TREND

1 Koscher & köstlich

Neue Küche Traditionelle Essensvorschriften und moderne Küche sind kein Widerspruch. Das zeigt Chefkoch Kobi Dellal in seinem Feinschmeckerlokal *Tokopaya (HaPatish 6 | Nes Zion)*. Auch die Kollegen im *Deca (HaTaasiya 10 | Tel Aviv | www.deca.rest-e.co.il)* sowie Starkoch Eyal Shani im neuen *Malka (2 Dafna St | Tel Aviv)* zaubern Hervorragendes nach den Geboten. Und bei *Nagila (Mahane-Yehuda-Markt | Jerusalem)* müssen Sie die Süßkartoffelecken probieren.

2 Tanzen in der Natur

Im Paradies In einem Land mit rund zehn Sonnenstunden pro Tag ist es keine Überraschung, dass die besten Partys draußen gefeiert werden. „Naturpartys" *(Messiba Teva)* nennen die Locals diese Vorliebe. *Midburn*, *Lost in a Moment* oder *Doof* sind nur einige Möglichkeiten. Unbedingt das Programm des *Desert Ashram (www.desertashram.co.il)* im Negev und der Oase Kfar Hanokdim *(www.kfarhanokdim.co.il)* prüfen – hier gibt es Sufi-Partys, Yoga Retreats und Trance Raves.

3 Sonnengruß vom Dach

Om am Meer Wenn Sie im Urlaub nicht auf Hatha, Bikram und Vinyasa verzichten möchten, nutzen Sie den Trend der spontanen Pop-up-Yoga-Kurse in Tel Aviv. In den Facebook-Gruppen „Yoga for the People" oder „Secret Tel Aviv" finden Sie immer spontane Zusammenkünfte – am Meer, auf einem Dach oder im Park. Einfach vorbeikommen, kleine Spende in den Hut stecken und mitmachen.

In Israel gibt es viel Neues zu entdecken. Das Spannendste auf diesen Seiten

Street Art

4

Werke an Hauswänden In Israel hat es lange gedauert, bis die Street Art nicht mehr als krimineller Vandalismus eingestuft wurde. Eine der ersten Leinwände in Tel Aviv waren die Ruinen des Dolphinariums, eines vielbesuchten Clubs direkt am Strand, der durch einen Selbstmordattentat 2001 zerstört wurde und viele junge Besucher mit in den Tod riss. Noch heute kommen neue Werke dazu, die an dieses Ereignis erinnern. Die Stadtteile Neve Zedek und Florentin entlang der Shalom Shabazi Street und die Hervat Shas Street sind wahre Street-Art-Galerien *(www.telavivstreetart.blog.de)*. Organisierte Touren führen zu den Kunstwerken der Stadt *(www.hasayeret.co.il)*. Auch in Haifa wächst die Street Art, und in Jerusalem besprühte der britische Street Artist Banksy die Mauer zwischen Israel und der Westbank mit politischen Illustrationen.

Very fashionable

5

Tel Aviv Look Die lebendige Metropole am Meer inspiriert die Nachwuchsdesigner: Israelis sind im Hipster- und Streetwear-Fieber. Die 80er- und 90er-Jahre werden fleißig wiederbelebt, hinzu kommt eine Prise Bohème, der Farbenmut der Trance-Szene und orientalische Stickereien. Wie die Mode von Helena Blaunstein alias *Frau Blau (Hahashmal 8) (Foto)*. *Mizo (Shabazi St. 51 | www.mizo.co.il)* kombiniert konservative Schneiderkunst und urbane Modetrends. Auch die sogenannte Modest Fashion erlebt gerade ihren ersten Hype – jüdische Designerinnen haben sich der religiösen Frau angenommen, die sich dezent aber doch stylisch kleiden möchte. Chana Marelus ist dabei Vorreiterin *(www.chanamarelus.com)*.

FAKTEN, MENSCHEN & NEWS

MIX IT!

Französisch von links, Englisch von rechts. Der Verkäufer schreit auf Hebräisch, die Kundin schimpft auf Russisch. Eine jemenitische Großmutter feilscht mit dem nordafrikanischen Brotverkäufer, eine Gruppe amerikanischer Teenager geht vorbei – so erleben Sie einen Spaziergang über den Carmel Market in Tel Aviv. Israelis sind ein bunter Haufen. Denn in Israel leben Einwanderer aus der ganzen Welt. Hier hört man alle Sprachen, sieht alle Haar- und Hautfarben, hört französische Chansons und isst dazu Bortsch.

6,5 der mehr als 8 Mio. Israelis sind Juden. 1,8 Mio. sind Araber, die sich wiederum in Muslime, Christen sowie Drusen – eine arabische Minderheit im Carmel-Gebirge – aufteilen. Israelis sind auch die mehr als 400 000 jüdischen Siedler in der Westbank und ca. 155 000 Juden, die im annektierten Ostjerusalem wohnen. Jeder, der jüdische Wurzeln nachweisen kann, wird mit Kusshand in Israel aufgenommen.

Aber wer ist eigentlich Jude? Nach staatlicher und religiöser Definition *(Halacha)* jeder, der eine jüdische Mutter hat. Dabei ist die jüdische Bevölkerungsgruppe im Land alles andere als homogen. Da sind die aschkenasischen Juden (mit Vorfahren aus Nord- und Osteuropa), die Mizrahi (arabischstämmige Juden) sowie die Sephardim von der iberischen Halbinsel (heute Spanien und Portugal). Sie alle verbindet ihre Religion – und trennt gleichzeitig die Kultur, die Küche, die Mu-

Techno, Shabbat, Kibbuz-Flair – in der Vielfalt Israels wirbt nicht nur die Sprache Gottes um Verständigung

sik, die Namen. Aschkenazi lachen über den orientalischen Techno der Mizrahi und Sephardim verziehen bei der polnischen Graupensuppe der Aschkenazi das Gesicht. Auch das ist Israel.

„WOHIN AUCH IMMER ICH GEHE ...

... ich gehe immer nach Israel", sagte schon Rabbi Nachman im 18. Jh., der aus der Ukraine stammte. Israel ist für Juden Sehnsuchtsort, Erlösung, Hoffnungsschimmer. Aus allen Ecken und Enden der Welt sind sie in das kleine Land am Mittelmeer eingewandert, um einen jüdischen Staat zu gründen. Laut Genesis hat Gott den Juden ein „Eretz Israel" (Land Israel) bis zum Jordan versprochen. Ein solches Reich gab es schon mal – das Königreich Israel existierte nach biblischer Überlieferung von etwa 1010 v. Chr. bis ca. 926 v. Chr. unter den Königen Saul, David und Salomon. Ob man die Thora jedoch wirklich auf diese Art als Grundbuch auslegen kann, darüber wird weltweit heftig gestritten. Fest steht, dass es schließlich der Zweite Weltkrieg und die Idee des Zionismus war, die die Juden aus der Zerstreuung (Diaspora) zurück ins heilige Land geführt hat.

1896 äußerte der österreichische Schriftsteller und Aktivist Theodor Herzl in seinem Buch „Der Judenstaat" erstmals die Idee einer unabhängigen, friedlichen Heimstätte in Palästina. Nach Jahrhunderten der Pogrome und Verfolgung solle dort jeder in Wohlstand und in Freiheit leben, schreibt Herzl. Über 100 Jahre später existiert dieser Staat wirklich – und ist doch so umstritten wie eh und je.

Grenze Westbank: Ein junger Palästinenser setzt ein Zeichen für die Unabhängigkeit seines Landes

DURCHBLICK? UNMÖGLICH

Machen Sie sich keine Sorgen, wenn Sie verwirrter aus dem Urlaub zurückkehren, als Sie es bei Ihrer Abreise gewesen sind. A-, B- und C-Gebiete zerreißen das Westjordanland in unterschiedliche administrative Zonen, in denen entweder die palästinensische Autonomiebehörde (PA) oder das israelische Militär (IDF) die Oberhand haben. Große, Städte wie Hebron, Nablus, Ramallah oder Jericho fallen komplett unter die Kontrolle der PA. Doch spontane Straßensperrungen, die Mauer, Checkpoints und bewachte Brücken, Tunnel, Siedlungen sowie Militärposten machen einen Durchblick sogar für Palästinenser fast unmöglich und erschweren das Reisen auf eigene Faust. Eine Fahrt durch die palästinensischen Gebiete wird Ihnen jedoch die Augen öffnen in Hinblick auf Kultur und Geschichte dieser Region. Erschaffen wurde das Durcheinander nach Israels Sieg im Sechs-Tage-Krieg 1967. Seitdem hält Israel die syrischen Golan-Höhen und den größten Teil der Westbank besetzt – obwohl dies gemäß Völkerrecht rechtswidrig ist. Die jüdischen Siedlungen im Gaza-Streifen räumte Israel 2005 und schloss alle Grenzübergänge.

GLAUBE MAL SECHSHUNDERTDREIZEHN

10 Gebote? Darüber können fromme Juden nur lachen! 613 Glaubensregeln *(Mitzvot)* hat Gott den Kindern Israels auferlegt. Die Ultra-Orthodoxen und strenggläubigen Haredim (Gottesfürchtige) befolgen sie alle – und haben damit den ganzen Tag gut zu tun. Viele studieren ihr Leben lang in einer Thoraschule *(Jeshiva)* und erhalten für diese Tätigkeit vom Staat Israel Sozialhilfe. Auch von der obligatorischen Wehrpflicht sind sie ausgenommen und ziehen damit oft Unmut aus der säkularen Gesellschaft auf sich. Dabei sind die Herren mit Schläfenlocken, großem Hut, Bart und langem Mantel lediglich eine Gruppe religiöser Juden – da sind die Kabbalah-Mystiker, die Chassidim aus New York, die tanzenden Nachmans aus der Ukraine, die marokkanischen Anhänger des Rabbi Baba Sali. Kurz: Das Judentum hat viele Gesichter. Und viele Kleider! Bunte Kippa, große Kippa, keine Kippa. Manche tragen weiße Kniestrümpfe, andere hohe Fellhüte, die Damen ab und an Perücke *(Sheitl)*. Manche machen am Shabbat nicht einmal das Licht an, andere arbeiten das ganze Wochenende. Grundlage der monotheistischen Religion ist der Talmud (hebr.: Studium, Lehre), eine Sammlung jüdischer Glaubensregeln aus dem 6. Jh., zu der auch die Thora gehört, die hebräische Bezeichnung für die biblischen Fünf Bücher Mose. Sie gelten als Wort Gottes.

KALEIDOSKOP DER KLANGFÄRBUNG

Auf den Autobahnschildern in Israel findet man alle Orte in drei Sprachen (Englisch, Arabisch, Hebräisch). Modernes Hebräisch (Ivrit) und Arabisch sind die beiden offiziellen Landessprachen. Beide zählen zu den semitischen Sprachen – und auch das ungeübte Ohr kann schon beim Klang eine Ähnlichkeit feststellen. Allerdings hat das moderne Hebräisch durch die europäischen Einwanderer, die so gar nicht die Zunge und das R rollen konnten, einige seiner semitischen Klänge verloren. Nur Israelis mit arabischer Muttersprache beherrschen noch einzelne dieser Halslaute. Die Aussprache ist daher für Deutsche leicht zu erlernen. Wäre da nur nicht dieses Alphabet! Manchmal ist das Lesen für Anfänger des reinen Rätselratens. Die Vokale werden im privaten Gebrauch selten mitgeschrieben und die Druckschrift will auf den ersten Blick irgendwie rein gar nichts mit der Schreibschrift zu tun haben.
Wie der Staat Israel ist auch die moderne Sprache des Landes in einem Kraftakt rund 1700 Jahre später aus dem Nichts wiederbelebt worden – etwa ab dem Jahre 200 hörte Hebräisch nämlich auf, Alltagssprache zu sein. Danach wurde sie lediglich in religiösen Kontexten gesprochen; bis heute gilt sie den Juden als Sprache Gottes. Fun Fact: In der Kabbalah wird jedem Buchstaben sogar ein Zahlenwert zugeordnet und damit nach versteckten Bezügen und Nachrichten in der Thora geforscht (Numerologie).

WENN DIE LAGE VERWORREN IST

Wo beginnen? Wo aufhören? Der Nahostkonflikt ist ein fester Knoten, der sich einfach nicht zu lösen lassen scheint. 1917 sicherten die Briten den Juden die „Errichtung einer nationalen Heimstätte für das jüdische Volk in Palästina" öffentlich zu. Gleichzeitig hatten sie den arabischen Nachbarn Zugriff auf das Stückchen Land versprochen – und behielten es schließlich einfach selbst, bis die Israelis 1948 ihre Unabhängigkeit ausriefen. Seitdem bestimmen kriegerische Auseinandersetzungen die Region: Der Sechs-Tage-Krieg, zwei Libanonkriege, der Yom-Kippur-

Krieg, drei Gaza-Kriege – in regelmäßigen Abständen kommt es zwischen Israel und seinen Nachbarn zu Krach, der auch immer wieder zu Eroberung und Besetzungen führt. Die Armee ist daher für viele Israelis bis heute essenzieller Bestandteil ihrer Existenz. Sowohl junge Männer als auch Frauen leisten mehrere Jahre (zw. 2 und 4 Jahre) beim Militär ab. Denn eine friedliche Lösung des Nahostkonflikts ist nicht in Sicht.

Noch immer gilt die UN-Resolution von 1947 mit ihrem Zwei-Staaten-Beschluss als geeigneter Weg für einen Frieden im Nahen Osten. Deshalb erkennen mehr und mehr Staaten, darunter auch europäische, Palästina als einen eigenen Staat (an der Seite Israels) völkerrechtlich an, während auf der anderen Seite die Erzkonservativen Israels Siedlungen bauen und US-Präsident Donald Trump Jerusalem als Hauptstadt Israels anerkennt.

SÜMPFE IN SANDALEN SOZIALISIEREN

Sie trockneten die Sümpfe, sie befreiten das Land von Malaria, sie kämpften im Unabhängigkeitskrieg in Sandalen und Shorts – die Bewohner des Kibbuz *(Kibbuznikim)* sind die braungebrannten Helden der Gründungsgeschichte Israels. Als Anfang des 10. Jhs. die ersten jüdischen Einwanderer das Land betraten, schlossen sie sich in kleinen Gemeinschaften zusammen. Hier war man geschützter, hier teilte man die gleichen Sorgen – hier teilte man eigentlich alles. Denn die ursprünglichen Kibbuzim wurden nach sozialistischen Prinzipien verwaltet. Gemeinsam melkte man die Kühe, bestellte die Felder, erzog die Kinder, pflegte die Alten. Im Kibbuz machte niemand Karriere, im Kibbuz hungerte jedoch auch niemand.

Als nach dem Zweiten Weltkrieg europäische Flüchtlinge ins Land strömten, waren die Kibbuzim erste Anlaufstelle, um sich in der neuen, staubigen Heimat zurechtzufinden und Hebräisch zu lernen. In den 1960ern und 1970ern waren die israelischen Dörfer vor allem bei Europäern beliebt – ganze Wellen an Volontären pflückten Pfirsiche und zupften Unkraut. Heute sind nur noch wenige Kibbuzim übrig, die die alten Ideale vertreten. Viele sind zu Hotels geworden, andere verschwunden, manche zu einer losen Dorfgemeinschaft *(Moshav)* geworden, wo zwar noch gemeinsam Landwirtschaft betrieben, aber auch außerhalb des Dorfs gearbeitet wird.

TECHNO MEETS KLEZMER

Mit der Musik verhält es sich wie mit dem Essen: Einwanderer aus aller Herren Länder haben Instrumente und Rhythmen ihrer Vorfahren zu einem wilden Geflecht verbunden. Nordafrikanischer Takt mit progressivem Rock, arabischer Hip-Hop mit chassidischer Volksmusik. Um sich auf Ihre Reise einzustimmen, können Sie einmal folgende Künstler beschnuppern: Arik Einstein ist fast Nationalheld, auch genannt „Die Stimme Israels". Matti Caspi, Shalom Hanoch und Shmulik Kraus folgen seinem Stil. Für die Immigranten aus Nordafrika und arabischen Ländern ist Sänger Eyal Golan unangefochten und der König des sogenannten Mizrahi-Pops. Die linksliberale Protestbewegung der 1980er-Jahre hörte Singer-Songwriter Ehud Banai, und seit Berlin für Israelis das Kultur-Nirvana ist, bestimmen Techno und Elektronik das Radio und die Clubs der großen Städte.

WENN DER SCHLÜSSEL WIEDER PASST – „THE RIGHT OF RETURN"

Jedes Jahr am 15. Mai geben Palästinenser im ganzen Westjordanland einen

Schlüssel an ihre Kinder und Enkel weiter. Schlüssel zu ihren ehemaligen Häusern in Haifa, Nazareth und Jaffa, die sie mit Einzug der Israelis hinterlassen mussten. Auf der einen Seite der Mauer wird der 15. Mai als Unabhängigkeitstag gefeiert, auf der anderen Seite als sogenannte *Nakba* ne Liberation Organization), geändert. Im Westjordanland schienen sich die Wogen zu glätten: Die PLO erkannte offiziell die Existenz Israels an, 2005 wurde Mahmoud Abbas zum neuen Präsidenten gewählt. Im Gaza-Streifen gewann jedoch die fundamentalistische Hamas

Beim Indie-City Festival in Jerusalem bleiben die Trommler am Strand

(Tag der großen Katastrophe) gedacht. Die Schlüssel sind dabei Ausdruck des sogenannten „Right of Return" des palästinensischen Volkes in ihr Mutterland. Viele Palästinenser leben bis heute in Flüchtlingslagern in Jordanien, Syrien und im Westjordanland. Sie fürchten, ihr Rückkehrrecht aufzugeben, sobald sie sich an einem neuen Ort fest niederlassen.

Derzeit sind die Palästinenser ein Volk ohne Territorium und ohne eine kontinuierliche Vertretung ihrer nationalen Rechte. Heute leben knapp 1,2 Mio. Palästinenser in Israel, ca. 2 Mio. in der Westbank und ca. 1,5 Mio. im Gaza-Streifen. Und sogar 40 bis 65 Prozent der Einwohner Jordaniens sind Palästinenser! Im Laufe der Jahre haben sich ihre politischen Ziele und die ihrer größten Organisation, der PLO (Palesti-

und verschärft durch regelmäßige Raketenabschüsse die Situation. Israel reagiert mit Bombardierung und Isolierung des Gaza-Streifens. 2015 nahm auch die Gewalt aus dem Westjordanland wieder zu: Während der „Messer-Intifada" griffen junge Palästinenser fast täglich zur Waffe. Viele fühlten sich an die ersten beiden Intifadas (arab. für „sich erheben, abschütteln") erinnert. Denn zweimal zuvor wehrten sich die Palästinenser bereits mit Streiks, Protesten, Steinwürfen, Bombenattentaten. Auch 2018 begann mit Gewalt: Nach der Verlegung der US-Botschaft nach Jerusalem kam es jeden Freitag zu Auseinandersetzungen an der Grenze zu Gaza, die – im Sinne der Schlüsselsymbolik – von den Organisatoren als „Great March of Return" betitelt wurden.

ESSEN & TRINKEN

Stellen Sie sich Avocadotoast, gebratenen Blumenkohl in Zitronensaft, Sesampaste und warmes Pitabrot vor. So könnte Ihr Abendessen in Israel aussehen – oder eben auch ganz anders.

Denn israelische Küche ist ein absoluter Mix! Die Bewohner, Köche und Genießer des Landes mischen gerne die Traditionen ihrer Vorfahren und Nachbarn. Europäische Juden machen ***Gemüseeintöpfe*** oder gefillte Fisch, bei den jemenitischen Einwohnern wird jedes Gericht in Öl geschwenkt und bei McDonald's gibt es koschere Maxi-Menüs. Man speist französisch, marokkanisch oder österreichisch, russisch, ungarisch oder polnisch, und überall gesellt sich orientalischer Einfluss und eine Prise Kreuzkümmel hinzu. Ein bisschen Koriander hier, eine Dattel dort. Das gemeinsame Essen ist zentraler Baustein der Kultur – man sitzt beim Shabbat-Dinner, man lässt den Tag im Café verstreichen, man hält immer und überall an, um noch kurz einen Hummus zu tanken. Denn die Kirchererbsenpaste lieben alle Israelis gleichermaßen. ***„Wo gibt es den besten Hummus?"***, ist ein wunderbarer Eisbrecher für jede Gesprächssituation – und kann für minutenlange Diskussionen sorgen. Zum Hummus gibt es viele Kleinigkeiten zum Naschen und Würzen wie z. B. Zwiebeln, Oliven, eingelegtes Gemüse, Zitronensaft, gehackten Knoblauch, *Harif* (grüne Chilipaste) sowie *Zhoug* (Chili mit Petersilie und Koriander).

Das israelische Frühstück ist üppig und nicht unbedingt süß: Hier regieren Feta

In Israel zu essen ist ein Ritt durch die Küchen dieser Welt – verlieren Sie bloß nicht an Tempo, wenn Sie den Genuss auskosten

und Oliven, Tahin und Salat, Früchte und auf verschiedene Arten zubereitete Eier. Für Vegetarier ist das Leben in Israel ein Genuss. Das Gemüse ist immer frisch und auf dem Markt in Hülle und Fülle vorhanden. Versuchen Sie bei Ihrem ersten Israelbesuch, eine Gabel voll von allen kulinarischen Traditionen zu kosten!

Viele ***biblische Speisen*** haben in Israel ihre Bedeutung bis heute behalten. Wichtig sind die Brotarten, die ausschließlich Weizen, Gerste, Hirse und Roggen enthalten. Das runde *Rosh-Ha-Shanah*-Brot symbolisiert Glück, das *Shabbat*-Brot ist geflochten, die Größe der *Challah*-Brote hängt vom jeweiligen Feiertag ab. *Pittah*-Brot aus Weizenmehl, Salz, Hefe und etwas Öl begleitet viele Gerichte.

Was fälschlicherweise mit der jüdischen Küche in Zusammenhang gebracht wird und was als Begriff auf jeder Speisekarte Jerusalems auftaucht, ist das Schlüsselwort ***koscher***. Auf Hebräisch bedeutet es rein, sauber, erlaubt und definiert, ob die Zutaten der Speisen und ihre Zube-

SPEZIALITÄTEN

Arak – Anisschnaps, gern als Shot serviert oder mit Grapefruitsaft
Burekas – Gebäck in allen Geschmacksrichtungen
Falafel – in schwimmendem Fett gebratene Hummusbällchen – meist mit Salat in einer Brottasche gereicht (Foto re.)
Gefillte Fisch – eine Fischfarce mit vielen Zutaten, die in eine Fischhaut gefüllt oder in eine Fischform gebracht wird
Halva – süße Sesampastete aus Tahin, wahlweise mit Pistazien oder Nüssen
Hamentashen – dreieckige, mit Marmelade, Sirup oder Zuckerguss gefüllte Plätzchen; eine Spezialität an Purim
Hummus – sämiger Kichererbsenbrei, gewürzt mit Zitronensaft, Knoblauch, Kümmel und Tahin. Morgens mit warmem Pittah-Brot, sonst mit Knoblauch und Zitronensaft zu gekochten Bohnen; dazu frischer Salat und Oliven (Foto li.)
Jachnun – über Nacht gebackener Teig, üblicherweise am Shabbat-Morgen mit gehackten Tomaten und Eiern serviert
Kebab – gegrilltes oder gebratenes, gut gewürztes Rinder- oder Hammelhackfleisch in Form von Bällchen
Konafa – Gebäck mit Honigsirup, Mandeln, Nüssen und Pistazien
Malabi – süßes Milchdessert mit Rosenwasserzucker und Krokant
Mazze – ungesäuertes Brot
Mazzenknejdl – Klöße aus Brot, Milch und Salz in panierter oder unpanierter Form; Festessen an den Purim-Tagen
Schakschuka – pochierte Eier in Tomaten-Paprika-Sauce. Beliebtes Frühstücksgericht
Schischlik – geröstetes Lamm- oder Rindfleisch am Spieß
Schawarma – geröstetes Hammel- oder Hühnchenfleisch, das frisch von einem rotierenden Fladen abgeschnitten und mit Salat meist in einem Pittah-Brot gereicht wird
Tabbouleh – Salat aus geschrotetem Weizen, mit viel Petersilie, Minze und Zitronensaft

reitung den religiösen Vorstellungen des Alten Testaments entsprechen. Alle Restaurants deklarieren am Eingang, ob sie koscher sind. Erlaubt ist nach Mose das Fleisch jener Tiere, die „ganz durchgespaltene Klauen haben" und zugleich „widerkauen", also Ziegen, Rinder und Schafe. Schweine und Kamele erfüllen diese Bedingungen nicht. Als einzige Schlachtform ist das Schächten erlaubt, das vollständige Ausblutenlassen des toten Tiers. Als unrein gelten Kaninchen, wild lebende Vögel und Meerestiere, „die weder Schuppen noch Kiemen haben". Hummer, Muscheln, Krabben oder Aal stehen deshalb auf keiner koscheren Speisekarte. Vergebens werden Sie in einem koscheren Restaurant auch Fleisch mit einer Sahnesauce suchen, denn die **jüdischen Essensregeln** *(Kaschrut)* verlangen die strikte Trennung von Fleisch und Milch bei der Zubereitung, deshalb ist sogar zwischen dem Verzehr von Fleisch und Milch ein zeitlicher Abstand von mindestens sechs Stunden einzuhalten. Nach einem Fleischmenü Kaffee mit Milch zu trinken, verstößt gegen das Reinheitsgebot. Um ganz sicher zu gehen, haben koschere Restaurants und strenggläubige Familien deshalb zwei Küchen, getrennte Töpfe, Geschirr und Bestecke jeweils für Fleisch- und Milchgerichte.

Die Israelis mögen Fisch, abgeschmeckt mit Knoblauch, Zitronensaft und Paprika, und sie grillen ihn gern auf Holzkohle. Israel deckt seinen Bedarf durch Küsten- und Hochseefischerei im Mittelmeer oder aus Zuchtteichen. Selbst der berühmte **St.-Peter-Fisch**, der heute rund um den See Genezareth angeboten wird, weil Petrus und die anderen Jünger hier einst ihre Netze auswarfen, stammt nur zum Teil aus diesem See.

Das wohl bekannteste aller Fischgerichte, das einem im Zusammenhang mit jüdischer Kochkunst einfällt, ist der **Gefillte Fisch** – eine undefinierbare, zusammengepresste Fischmasse unter einer dicken, gallertartigen Sauce, eine Art Pastete, die nach Fisch riecht und als Fisch geformt serviert wird. Das Gericht stammt wohl aus Polen. Polnische Juden pflegten seit Jahrhunderten gekochten – und deshalb oft zerfallenen – Fisch zur Stabilisierung mit einer gelatineartigen Sauce aus Zucker und Mandeln zu bedecken.

Das Abendessen der Israelis ist im Gegensatz zu dem der Araber leicht. Auf die **arabische Küche** in guten Restaurants in Ostjerusalem und in allen anderen größeren Städten muss man heute nicht mehr verzichten. Israelische Palästinenser oder aus arabischen Ländern eingewanderte Juden haben ihre Kochkünste bewahrt.

Es ist das Verdienst der **Rothschilds**, dass man heute in Israel vorzügliche einheimische Weine trinken kann. 1886 schenkte Baron Edmond zionistischen Siedlern, die sich an den Westhängen des Carmel-Gebirges niedergelassen hatten, mehrere Weinpressen. Weil hier Klima und Böden stimmen, konnten nun Juden nach 2000 Jahren im Gelobten Land wieder **koschere Weine** für ihre religiösen Feiern herstellen. Heute ist die *Carmel Winery*

Roter oder weißer Wein? Versuchen Sie doch einfach beide

im Zikron Yaakov unter den mehr als 200 Winzerbetrieben die größte in Israel. Seit vier Jahrzehnten wird auch in den Bergen Galiläas und auf den von Israel annektierten (syrischen) Golan-Höhen Wein angebaut und exportiert.

Für den Restaurantbesuch reicht informelle Kleidung, selbst in den feinen Restaurants. Es gilt ein allgemeines Rauchverbot in allen Restaurants.

EINKAUFEN

Die Wahrheit tut manchmal weh. Aber so ist es nun mal: Israel ist teuer. Hohe Steuern und Importzölle treiben die Preise vieler Waren in die Höhe. Mit den Nachbarn wird selten Handel betrieben. Im Gegensatz zu den Preisen unterscheidet sich das Angebot jedoch nicht wesentlich von dem europäischer Länder. In Tel Aviv kauft man zwar am besten, aber dafür auch am teuersten ein; sogar die Bazare liegen hier über dem Preisniveau der anderen Städte.

DEAD SEA COSMETICS

Das Tote Meer enthält die weltweit höchste Konzentration an Mineralien. In seinen Schlammschichten finden sich viele natürliche Elemente, die für die Gesundheit der Haut wesentlich sind. Schon Kleopatra soll vor mehr als zweitausend Jahren hier für ihre Schönheit geplanscht haben. Am besten buddeln Sie ein bisschen, bergen das schwarze Nass mit den Händen aus der Tiefe und reiben sich einfach ein. Sollten Sie es jedoch etwas geordneter angehen und das hohe Gut als Souvenir mitbringen wollen, bietet sich *Ahava (www.ahava.com)* im Kibbuz Mizpe Shalem an. Deren Auswahl an Lotions und Cremes ist in israelischen Parfümerien besonders groß und ihr Preis günstig.

DEVOTIONALIEN

In der Altstadt Jerusalems und rund um den See Genezareth gibt es das größte Angebot an christlichen Geschenkartikeln und bibelbezogenen Souvenirs. Ihr Vorteil: im Holy Land gekauft, auch wenn nicht „Made in Holy Land".

JUWELEN

Die großen Juweliere der Welt vermitteln in ihren Filialen in den Luxushotels einen ersten Eindruck davon, was Israel an Schmuck zu bieten hat. Und vor den Toren der Diamantenbörse im Norden Tel Avivs sieht man noch mehr bewaffnete Menschen als sowieso schon auf israelischen Straßen: Hier wird poliert, geschnitten, gewogen, gehandelt. Einst war hier die größte Börse der Welt, im Zuge der Globalisierung hat Konkurrent Indien übernommen. Nur noch besonders große Steine werden an den Hauptabnehmer USA exportiert. In der Gegend der Börse finden Sie daher viele Showcases und Juweliere, bei denen Sie direkt kaufen können.

In Israel einzukaufen, verspricht Shoppingspaß vom Feinsten: schön teuer, aber auch schön gut

MÄRKTE & BAZARE

Jede israelische Stadt hat ihren Bazar, auf dem gefeilscht, gekauft und gestritten wird. Es gibt Kitsch und Plastik, Gemüse und Obst, Gewürze, Nüsse, Stoffe. Zu den bekanntesten zählen in Tel Aviv der *Carmel Market* (Gemüse, Obst sowie Kleidung), der *Levinsky-Markt* für Gewürze oder in der *Nahalat Binyamin* der gleichnamige Künstlermarkt. In Haifa shoppt man billig im *Talpiot-Markt.* In Jerusalem findet man Schmuck und Souvenirs im *Altstadtbazar* (lassen Sie sich nicht übers Ohr hauen!) und Nahrungsmittel in *Machane Yehuda,* dem neuen Teil der Stadt.

SHOPPINGZENTREN

Modetrends im Heiligen Land finden Sie in den vielen Malls. Das größte EInkaufszentrum der heiligen Stadt ist die *Jerusalem Malcha Mall* mit 260 Läden auf drei Etagen. In Eilat ist alles noch eine Umdrehung bombastischer: Ziehen Sie Ihre Schlittschuhe an und kombinieren Sie Ice-Skating und Shopping in der *Ice Mall Eilat* mit 150 Läden, 19 Restaurants und sogar einem Indoor Amusement Park. Wer diesen Stil des Einkaufens bevorzugt, findet auch im *Tel Aviv Port,* dem ehemaligen, vollkommen umgestalteten Hafen im Norden der Stadt, das Passende.

TYPISCHE SOUVENIRS

Zerbrechen Sie sich schon vor der Ankunft, was Sie den Daheimgebliebenen mitbringen können? Entspannen Sie sich wieder! Hier einige Tipps aus der Kategorie „preiswert": frisch gepflückte Jaffa-Orangen; Carmel-Wein; INSIDER TIPP Salzstücke aus dem Toten Meer; ein Ölzweig (den Sie ja nicht unbedingt im Garten Gethsemane abbrechen müssen); orientalische Gewürze – hmm! Ein Stück Halva (bleibt lange gut!), arabischen Kaffee mit Kardamom, eine Dose Tahin oder frische Teemischungen und … und … ach, Sie finden schon was.

DIE MITTELMEER-KÜSTE

Die Mittelmeerküste Israels ist vor allem dreierlei: Sandstrand! Badeort! Großstadt! In Tel Aviv wird gefeiert, in Haifa gearbeitet und an den Buchten dazwischen entspannt.

Von der Grenze zum Libanon im Norden bis zum palästinensisch verwalteten Gaza-Streifen im Süden sind es genau 187 km Küste, die Israel zum größten östlichen Mittelmeeranrainer machen. Erholungssuchende, Kulturdurstige und Sonnenhungrige finden hier einfach alles, was sie sich wünschen. Südlich von Haifa muss man in die Wellen springen, in den Dörfern des Carmel-Gebirges gibt es Künstler, Käse und viel Grün und die Festungen von Caesarea und Akko zeugen von Eroberern, Piraten und Völkerscharen. Bereits in der Antike führte die bedeutendste Handels- und Verkehrsverbindung im östlichen Mittelmeerraum durch diese Ebene, die berühmte Via Maris. Heute fährt ein Schnellzug bequem mehrmals am Tag den Küstenstreifen auf und ab.

Zwischen Tel Aviv und Haifa dehnt sich die Sharon-Ebene aus, die wegen ihrer Fruchtbarkeit auch die Kornkammer Israels genannt wird. Hier ist Israel am dichtesten besiedelt und bebaut. Fast genau in der Mitte der Küste ragen die Wolkenkratzer Tel Avivs in die Höhe. In der Bauhaus-Stadt wird gearbeitet, getrunken, kreiert und flaniert; eine mit europäischen Großstädten vergleichbare Infrastruktur existiert nur hier – eine U-Bahn oder ein verlässliches Bussystem sollte man jedoch auch in Tel Aviv nicht

Bild: Akko, Hafen

Künstler, Kreuzfahrer, Berg Carmel – an der Mittelmeerküste lockt mehr als steife Brise oder feiner Sandstrand

zu jeder Tageszeit erwarten. In der Großstadt sitzen die Co-Working Spaces, die Freelancer, Künstler, Unternehmer, die Start-ups und die Hightechindustrie. Hier wird das meiste Geld verdient. Die Wuchermieten der Stadt sprechen Bände.

AKKO

(130 B2–3) (*🕮 D3*) **Die Hafenstadt Akko (ca. 50 000 Ew.) an der nördlichen Bucht von Haifa bietet einen Mix aus orientalischem Markt-Wirrwarr und Kreuzfahrer-Flair.**

Hier können Sie exzellenten Fisch essen, durch Katakomben klettern, Gewürze aller Farben probieren, im Hamam schwitzen und an jeder Straßenecke Schischa rauchen. Akko ist heute eine der wenigen Städte Israels, die überwiegend von Palästinensern bewohnt werden und ihren arabischen Charakter bewahrt haben. Da die Stadt gleichermaßen bedeutend für Römer, Kreuzfahrer und Muslime war, kann man beim Bummeln durch

Einmal durch die Zitadelle der Johanniter-Festung – und Sie wissen, was „wehrhaft" heißt

die unterschiedlichen Epochen wandeln: Den Römern diente Akko als Garnisonsstadt, 1104 eroberten es die Kreuzritter und bauten es zur Hafenstadt aus. Die Altstadt ist Unesco-Weltkulturerbe. Hier stehen die großen Sehenswürdigkeiten der Kreuzfahrer und der Türken. Das antike Akko *(Tel El-Fukhar)* liegt 3 km südlich.

SEHENSWERTES

EL-JEZZAR-MOSCHEE

Beim Barte des Propheten! Kurz vor seinem Tod soll Mohammed sich noch einmal rasiert und seine Haare an Gefährten und Gläubige verteilt haben. In der El-Jezzar-Moschee kann man sich eine der heiligen Borsten anschauen; am 27. Tag des Ramadans wird sie außerdem öffentlich den Gläubigen gezeigt. Die Moschee ist das arabische Wahrzeichen der Stadt und wurde 1780–90 von Achmed el Jezzar („der Schlächter") auf den Ruinen der Kirche des Heiligen Kreuzes errichtet. Entlang des Innenhofs der Moschee erstreckt sich ein Kreuzgang mit Wohnzellen, in denen früher Koranschüler lebten. Im Schatten der Bäume liegt ein kleiner Kuppelbau mit den Sarkophagen el Jezzars und seines Adoptivsohns Suleiman, der nach Jezzars Tod in dessen Fußstapfen trat. *Tgl. (außer zu Gebetszeiten) 6–17.30 Uhr | Eintritt 10 NIS*

KHAN EL UMDAN

Gut, dass Hostels heute anders aussehen. Die sogenannte „Säulenkarawanserei" von 1785 diente einst den Händlern auf langer Reise als Herberge und Stallung. Ein bisschen Filmkulisse, ein bisschen Granit und viel Sandstein. Wunderbar für eine Pause im Schatten. *Altstadt, am Fischereihafen | Eintritt frei*

KREUZFAHRERSTADT ★ ●

Kopf einziehen! Akkos bedeutendste Sehenswürdigkeit liegt unter der Erde: die sehr gut erhaltene Festungsstadt der Kreuzfahrer. Die endlosen Tunnel und unterirdischen Speisesäle wären der ideale Drehort für den nächsten Fantasy-Film. Zweihundert Jahre haben die Johanniter die Hafenstadt als militärische Metropole des Kreuzfahrerreichs genutzt und über Akko die Versorgung für das von ihnen gegründete Königreich Jerusalem gesi-

chert. Unter der riesigen Zitadelle liegt der Speise- und Zeremoniensaal. Von hier aus führen Gänge zu verschiedenen Festungsräumen und ein 65 m langer Tunnel zum Hospital des Templerordens. Bei der Reparatur einer Wasserleitung wurde 1994 der über 350 m lange *Templars Tunnel* entdeckt, der direkt zum Hafen führt.
Während der britischen Mandatszeit diente die Festung als Gefängnis, in dem Mitglieder der jüdischen Untergrundbewegung gefangen gehalten und hingerichtet wurden. Diese Epoche dokumentiert das *Museum of Heroism. Sa–Do 8.30–18 (im Winter bis 17), Fr 8.30–17 Uhr | gegenüber der El-Jezzar-Moschee | Eintritt 56 NIS*

INSIDER TIPP WEHR- UND BEFESTIGUNGSANLAGEN

Auch über der Erde geht die Kreuzritterei weiter. Auf Akkos Stadtmauern lässt es sich wunderbar spazieren und in die Brandung schauen. Mancher versucht auch mal einen Sprung in die Wellen – nicht empfehlenswert! Der nordöstliche Eckturm, der *Burj el Kommandor*, mit den „Kanonen Napoleons", schützte die Stadt auf der Landseite; von hier führt ein Weg entlang der Mauer zum alten Hafen und zum Argaman-Strand. Der *Burj Kureijim*, der nordwestliche Turm, verstärkte die Mauer in Richtung offenes Meer und der südwestliche *Burj el Sanjak* ist der mächtigste Teil der Befestigungsanlage. Er diente als Leuchtturm. Einfach mal eine Runde drehen und bei jeder Himmelsrichtung kurz verschnaufen.

ESSEN & TRINKEN

HUMMUS SAID

Wie in jedem guten Hummus-Restaurant gibt es hier nur bis mittags etwas zu essen. Körperkontakt und neue Freunde sind garantiert – Tische werden bis zum letzten Platz besetzt. *Tgl. 6–14.30 Uhr | am alten Marktplatz | Tel. 04 9 91 39 45* | €

URI BURI

In Akko isst man Fisch! Am besten hier im Schatten des Leuchtturms. *Tgl. 12–23 Uhr | Tel. 04 9 55 22 12* | €€

FREIZEIT

GHATTAS-BAD

Rücken schrubben, Hitze und Dampf gefällig? Die Osmanen haben die Hamam-Kultur nach Akko gebracht; bis heuten schwitzen die Bewohner gerne in den türkischen Saunen. Im Ghattas-Bad, dem größten Hamam der Stadt, gibt es eine luxuriöse Allround-Spa-Erfahrung, inklusive Massage und Jacuzzi. *Tgl. 9.30–19.30 Uhr | Rehov Hahaganah | Tel. 04 6 89 74 62 | www.ghattasbath.com | Anwendung 300–400 NIS/2 Std./Pers.*

MARCO POLO HIGHLIGHTS

★ **Kreuzfahrerstadt**
Die unterirdische Stadt des Johanniterordens in Akko → S. 34

★ **German Colony (Deutsche Kolonie)**
Kommune des 19. Jhs. am Fuß des Carmel → S. 38

★ **Gan Dan**
Purer Genuss mit Blick auf Haifa → S. 40

★ **Caesarea Maritima**
Frühere römische Stadt mit eindrucksvollen Ruinen → S. 53

★ **Bahai Gardens**
Die schönste Gartenanlage Israels: blühende Geometrie an den Hängen des Carmel → S. 38

ÜBERNACHTEN

AKKOTEL
Kleines Boutiquehotel an der Stadtmauer, ca. 50 m vom Yachthafen entfernt. Schöne Dachterrasse. *16 Zi. | Salah-A-Din St. 1 | Tel. 04 9 87 71 00 | www.akkotel.com | €€*

TEMPLAR HOSTEL
Neues Haus mit vielen archäologischen Ausstellungsstücken, direkt am Eingang zur Altstadt. *76 Zi. | Weizmann St. 2 | Tel. 02 5 94 57 11 | www.iyha.org.il | €*

AUSKUNFT

ACRE OLD CITY DEVELOPMENT
Visitors Center | Weizmann St. 1 | Tel. 04 9 95 67 07 | www.akko.org.il

ZIELE IN DER UMGEBUNG

ADAMIT PARK (130 C2) (*🗺 E2*)
Extremsportler aufgepasst. Action und Adrenalin gibt es in der Regenbogenhöhle im Adamit Park rund 30 km nördlich an der libanesischen Grenze. Roter Stein zum Kraxeln, natürliche Steinbögen, 40 m abseilen und schaukeln über den Baumwipfeln. Stalagmiten gibt es in den *Nahal-Namer-Höhlen* direkt nebenan, abkühlen können Sie sich im Fluss Bezet im Talgrund. Mehr Informationen gibt es am Parkeingang, kein Eintritt. *www.israel-outdoor-adventures.com* bietet Kletterführer *(150–400 NIS/Pers.)*.

INSIDER TIPP LOHAMEI HAGETAOT
(130 B2) (*🗺 D3*)
Für politisch und historisch Interessierte ist Lohamei Hagetaot ein Muss: der Kibbuz, etwa 8 km nördlich von Akko, wurde von Flüchtlingen des Warschauer Getto gegründet. Mit großem Aufwand haben sie ein Museum über die Verfolgung und Vernichtung der Juden während des Nationalsozialismus errichtet. Im *Ghetto Fighters House Museum (So–Do 9–16 Uhr | www.gfh.org.il | Eintritt 30 NIS)* sind ca. 40 000 Fotos, 60 000 Bücher

Ihnen soll auch mal jemand zu Füßen liegen? Am Mount Camel tut's zumindest Haifa

und etwa 240 Filme sowie Zeichnungen aus den KZs zusammengetragen. Und auch wenn es an dieser Stelle bizarr klingt: Eine Übernachtung im Kibbuz lohnt allein wegen des phänomenalen Frühstücksbuffets.

MONTFORT (130 C2) *(D E2)*
Wem Fisch und Flanieren zu langweilig werden, der sollte den Aufstieg zur Montfort-Ruine wagen. 24 km nordöstlich von Akko wurde die Kreuzfahrerfestung 1228 vom Hochmeister des Deutschen Kreuzritterordens, Hermann von Salza, errichtet. Das Schicksal, erobert und zerstört zu werden, blieb ihr erspart – sie fiel 1271 kampflos an Sultan Beibar. Im Laufe der Jahrhunderte ist die Festung jedoch dem Unkraut verfallen und teilweise eingestürzt; es bleibt eine romantische Ruine mit Herr-der-Ringe-Charme. Traumhafte Aussicht, Wasser mitnehmen!

NAHARIYA (130 B2) *(D D3)*
Nahariya (Nahariyya, 55 000 Ew., 10 km nördlich von Akko) ist schick und sauber und europäisch. 1934 gegründet von jüdischen Einwanderern und Flüchtlingen aus Deutschland, hat sich das Städtchen zu einem beliebten Ferienort gemausert. Breite, gut gefegte Boulevards, nette Geschäfte mit der üblichen Souvenirbastelei, ein sehr schöner Strand, große Hotels – Nahariya ist Komfort. Hier sollten Sie bummeln und im ● *Achziv Nationalpark* picknicken und die Althippies *Avivi* besuchen, die den Strand besetzen. Oder Sie bräunen am *Sokolov Strand* und zählen die Pfaue auf dem byzantinische Bodenmosaik im Stadtteil Katzenelson.
In der Nachbarschaft von Nahariya liegt der *Moshav Nes Ammim,* den 1960 holländische und deutsche Christen gründeten als Ort der Begegnung zwischen Christen und Juden. Hier gibt's ein sehr schönes Gästehaus mit großem Schwimmbad *(48 Zi., 13 Apt. | Arvot Hayarden | Tel. 04 9 95 00 00 | www.nesammim.com | €€).*

ROSH HANIQRA (130 B2) *(D D2)*
Grotten, Klippen, Brandung, absolute Piratenstimmung: 18 km nördlich von Akko an der libanesischen Grenze liegt Rosh Haniqra, nördlichster Punkt der israelischen Küste, traditioneller Kibbuz und in der Antike *das* Einfallstor für ausländische Heere. Von den 80 m hohen weißen Kreideklippen öffnet sich der Blick über das Mittelmeer (gut für Sonnenuntergänge!) und ins Landesinnere. Blau trifft auf Weiß trifft auf Grün. Zu den Grotten unterhalb der Felsen fährt ganz gemütlich eine Seilbahn *(Nov.–April tgl. 9–16, Mai–Okt. Sa–Do 9–18, Fr 9–16 Uhr | www.rosh-hanikra.com | Eintritt inkl. Fahrt 70 NIS)* oder Sie leihen sich ein Kanu und paddelt mitten rein.

HAIFA

(130 B3) *(D D3)* **Israels größte Hafenstadt liegt an einer schönen halbrunden Bucht, direkt dort, wo der Berg Carmel das Meer trifft.**

Wären da nicht all die riesigen Kräne und röhrenden Kreuzfahrtschiffe, die unzähligen Container und asphaltierten Anlegestellen, wäre Haifa (ca. 300 000 Ew.) sicher die schönste Stadt Israels geworden. An dieser idyllischen Bucht berühren die Hänge des Bergs Carmel das Mittelmeer. Die Stände außerhalb der Stadtgrenzen sind die breitesten Israels. Und nirgendwo im Land klappt Co-Existenz zwischen Juden und Muslimen so gut wie hier.
Haifa ist größte Hafenstadt; hier wird nahezu der gesamte Export Israels abgewickelt. Der Stadtstrand wurde zementiert, der Berg mit einem Tunnel durchbohrt *(15 NIS für zwei Durchfahrten)*. Wer durch Haifa spaziert, darf Treppen nicht scheu-

WOHIN ZUERST?
Beginnen Sie mit dem 400 m langen Spazierweg, der **Louis-Promenade**. Diese kann man gut vom Zentrum, Hadar Hacarmel, erreichen und bietet einen Rund-um Blick über Bucht und Stadt. Das Busnetz Haifas ist besser als in den meisten anderen Städten Israels *(eine Fahrt 5 NIS)*, öffentliche Busse verkehren auch am Shabbat. Mit ihnen erreichen Sie alle Museen, die im unteren Teil der Stadt liegen.

en – bedingt durch die Hanglage zieht sich die Stadt auf drei Ebenen den Berg hinauf und der Carmelit, die einzige U-Bahn Israels, ist leider zurzeit nicht in Betrieb. Altstadt und Hafen mit einer guten Portion Street Art liegen auf Meereshöhe, das heutige Zentrum (Hadar Hacarmel) mit Markt und Einkaufsmöglichkeiten befindet sich in 100 m Höhe und hoch oben über dem Meeresspiegel thronen die Villen und teuren Hotels. Hier kann man über die Stadt und die gesamte Bucht blicken. Bei Tag im tiefen Blau, bei Nacht mit rot blinkenden Frachtschiffen. Oder wie es der Werbeslogan der Stadt formuliert: „Strahlend schön bei Tage und funkelnd in der Nacht, das Kleinod am Mittelmeer".

SEHENSWERTES

BAHAI-SCHREIN

Die ★ *Bahai Gardens* mit Schrein sind Haifas Wahrzeichen, Highlight und eine Augenweide. Zypressen und Palmen führen in absoluter Symmetrie von der deutschen Kolonie zum strahlend weißen Gebäude mit seiner goldenen Kuppel. Absolut beeindruckend. Das 1953 vollendete Mausoleum, in dem der Vorfahre des Religionsstifters der Bahais ruht, liegt in dieser Parkanlage, die Unesco-Weltkulturerbe ist. Eine kostenlose ● Panoramatour *(tgl. 9–17 Uhr | Yefe Nof St. 61 | www.ganbahai.org.il/en)* führt vom Carmel hinab bis zum Schrein. Mit dem Bus Nummer 23 können Sie auch ganz zum Ausgangspunkt fahren.

ELIJAH'S CAVE (HÖHLE DES ELIAS)

Wer auf der Suche nach christlich spiritueller (Höhlen-)Erfahrung und niedrigen Decken ist, sollte sich in den Süden der Stadt begeben, wo Elias, der alttestamentarische Prophet, des Bergs Carmel in einem großen Stollen gelebt hat. Heute zählt die Höhle zu den bedeutendsten Pilgerstätten des heiligen Lands – auch, weil sie einer Legende nach Josef und Maria zeitweilig als Unterkunft diente. *So–Do 8–17 (Juli/Aug. bis 18), Fr 8–12 Uhr | Derekh Allenby 230 | Eintritt frei*

GERMAN COLONY (DEUTSCHE KOLONIE) ★

Vor den Treppenstufen des Bahai-Schreins beginnt eine Welt, die so gar nichts mit den persischen Gartenanlagen gemeinsam haben will: Christliche Templer aus Baden-Württemberg haben hier 1869 eine deutsche Kolonie gegründet. Ihre Nachkommen bejubelten 1930 die Nazis und wurden deshalb von den Briten ausgewiesen. Die typisch deutschen Steinhäuser wirken seltsam fremd im Palmenhain. Die 30 m breite Hauptstraße der Siedlung ist heute der *Ben Gurion Boulevard* mit Cafés, Restaurants und Kunstgewerbe; er führt den ganze Weg vom Hafen hinauf zu den Bahai-Gärten. Besonderes Highlight: In der Weihnachtszeit funkeln hier unzählige Lichterketten und ein riesiger Tannenbaum, sie locken arabische Christen aus dem Umland zum Weihnachtsmarkt. Trinken Sie einen Glühwein bei 20 Grad – eine Erfahrung!

MADATECH – NATIONAL MUSEUM OF SCIENCE

An heißen oder regnerischen Tagen und vor allem für Familien mit Kindern ist das technische Museum eine gute Wahl. Im historischen Gebäude finden Sie mehr als 600 Exponate zum Experimentieren und Anfassen. Spaß und Erkenntnisse garantiert. *Sa–Mi 10–18, Do 10–16, Fr 10–14 Uhr | Shmaryahn Levin St. 25 | Hadar Hacarmel | www.madatech.org.il | Eintritt 89 NIS*

REUBEN- UND EDITH-HECHT-MUSEUM

Beim Ehepaar Hecht gibt es Archäologie und Kunst von höchster Qualität inkl. eines im Kibbuz Nasholim von Unterwasserarchäologen „ausgegrabenen" antiken Frachtkahns. Hier sehen Sie auch viele Gemälde, z. B. von Claude Monet und Vincent van Gogh. *So, Mo, Mi, Do 10–16, Di 10–19, Fr 10–13, Sa 10–14 Uhr | Universität Haifa | mushecht.haifa.ac.il | Eintritt frei*

STELLA-MARIS-KARMELITERKLOSTER

Kein schlechter Ort, um zu Gott zu sprechen. Das Karmeliterkloster, „Der Stern des Meeres", liegt in den Hängen des Carmel-Bergs mit 360°-Blick über das Mittelmeer. 1206 als Einsiedlerkolonie gegründet, konnte das Kloster trotz Verfall durch das Mittelalter gerettet werden. Napoleon benutzte es während der Belagerung von Akko 1799 als Lazarett. Das farbenfrohe Kirchenschiff, die Klosterbasilika und eine Sammlung von Antiquitäten werden Sie begeistern. *Tgl. 8.30–12 u. 15–18 Uhr | Derekh Stella Maris | Eintritt frei*

INSIDER TIPP WADI NISNAS

In Haifa funktioniert, was in vielen anderen Orten in Israel einfach nicht klappen will: Hier leben die verschiedenen Religionen in friedlicher Co-Existenz miteinander und untereinander. Besonders auffällig wird dies in den orientalischen Gassen des Viertels Wadi Nisnas, wo jüdische und arabische Israelis seit Jahrzehnten Tür an Tür wohnen. Die vielen kleinen Restaurants, das rege Treiben und die offenen Küchen werden Ihnen gefallen. Handeln nicht vergessen! Probieren Sie unbedingt ein Eis aus Halva. Besonders lohnend ist ein Besuch an den hohen Feiertagen. Denn im Wadi Nisnas muss man dauernd feiern – Hanukkah für die Juden, Weihnachten für die Christen und Ramadan für die Muslime. *Khouri St. und Yochana Hakadosh St.*

Bahai-Schrein mit Garten: Bringen Sie hier bitte nichts durcheinander!

ESSEN & TRINKEN

CAFÉCAFÉ MOSHAVA

Das Café in der German Colony verwendet viele Bioprodukte. Freundliche Bedienung. *Tgl. 7–22 Uhr | Moriya Blvd. 58 | Tel. 04 8 34 99 50 | €*

CANTINA SOCIALE
Weingenuss auf hohem Niveau, eröffnet von zwei Sommeliers. Kleine Käsehappen, ein paar Oliven, dazu preisgekrönter Wein in europäisch anmutender Atmosphäre. Für feine Gaumen und Connaisseurs. *So–Do 19–24, Fr 20.30–2, Sa. 19–1 Uhr | Mahanayim St 4 | Tel. 050 9 87 76 17 | €€*

GAN DAN ★
Im Luxushotel Dan Carmel gibt's beste internationale Küche mit Produkten der Region und einmalig schönem Blick vom Carmel auf die beleuchtete Stadt und den Hafen – ein Ensemble, das nur Genießen zulässt. *Sa–Do 12–15 u. 18–22 Uhr | Hanassi Ave. 85–87 | Tel. 04 8 30 30 60 | €€€*

EINKAUFEN

Die für Touristen interessanten Geschäfte liegen in der *Hanevim Street*, konzentriert am Platz *Solej Boneh*.

LOW BUDG€T

Jeden Freitag versammeln sich spätnachmittags am Strand von Tel Aviv hinter dem ehemaligen Dolphinarium Freizeittrommler, die 2 Stunden lang umsonst eine ● Sonnenuntergangs-Session abhalten. Preisgünstige Getränke am Kiosk.

Die Ausgrabungen im Caesarea National Park kosten Eintritt. Kostenlos kann man dagegen den nicht minder eindrucksvollen *römischen Aquädukt* außerhalb der Stadt am Strand bestaunen. *2 km nördlich des Parks*

INSIDER TIPP CASTRA
Castra – der Name steht für eine große Mall der Künste, zu der neben Ausstellungsräumen auch Kunsthandwerksläden gehören. Das Gebäude selbst ist ebenfalls ein Kunstwerk: An dessen Fassaden präsentiert der Künstler Arik Brauer zwanzig Szenen des Alten Testaments auf farbenprächtiger Majolica. *So–Do 10–22, Fr 10–15, Sa nach Shabbatende bis 22 Uhr | Moshe Flieman Rd. 4*

FLOHMARKT
Manchmal braucht man einfach Secondhandkleidung, oder warum nicht ein gebrauchtes Fahrrad, wenn Sie länger bleiben? Das findet man am Wochenende hier am Hafen. Guter Zeitvertreib an einem Shabbat, wenn alles geschlossen ist, keine Touristenfalle. *Kibbutz Galuyot St.*

TALPYIOT-MARKT
Gemüse, Obst, Gewürze, Fleisch, Fisch, Nüsse, Milch – hier in Hadar Hacarmel gibt es alles, was man als Selbstversorger braucht. Teilweise überdacht, teilweise laut, definitiv authentisch und immer mit dieser entspannten Stimmung, die es nur in Haifa gibt. *So–Do 8–17.30, Fr 7–15 Uhr | Sirkin St./Hahalutz St.*

SPAZIERGÄNGE & STRÄNDE

STRÄNDE
Die Strände südlich von Haifa müssen Sie besuchen. Die Bucht von *Neve Yam* und *Atlit* (ca. 15 Min. mit dem Auto oder Zug entfernt) bietet gute Wellen für Surfer, in *Mikhmoret* bei Netanya kann man sich neben französischen Urlaubern im weißen Sand aalen und am *Dor Habonim* picknickt man mit Familien aus dem Kibbuz (leider nur mit dem Auto erreichbar). Der *Dodo-Zair-Strand* liegt direkt in Stadtnähe, hat eine Promenade, Parkplätze und sogar WLAN.

Treppauf, treppab durch die Stadt! Es reicht! Am Strand von Haifa steigen Sie hürdenlos ins Wasser

„WEG DER 1000 SCHRITTE"

Schritt für Schritt für Schritt für Schritt. In Haifa müssen Sie Kondition zeigen. Und Treppen lieben. Den Schweiß ist es wert, versprochen: Die Treppenwege führen durch die Stadtgeschichte, vorbei an verlassenen Villen, Märkten und Aussichtspunkten mit Fotopotenzial. Das *Haifa Tourist Board* wählte vier farblich gekennzeichnete Routen mit entsprechender Beschilderung aus. Alle vier starten an der Bergstation der Carmelit-Bahn bzw. der Buslinie 22 in der *Yefe Nof Street*. Die „Historische Route" (blau) beginnt im 18. Jh. der Stadtgeschichte und endet am Paris Square, die „Nostalgische Route" (gelb) bringt Sie in Haifas German Colony, die „Folklore Route" endet im Wadi Nisnas und die „Klassische Route" in der Altstadt.

AM ABEND

CINEMATHEQUE

Dieser Ort ist Kino, Kneipe und Künstler-Treff in einem. Ach ja: Essen gibt's hier auch. Wer Arthouse mag, sollte im Voraus auch das Filmprogramm prüfen. Es lohnt sich. *Hanassi Ave. 142 | Tel. 04 8 35 35 00*

INSIDER TIPP KABAREET

Einzigartige arabische Konzertlocation und Treff für den Underground der palästinensischen Musikszene. Der Club wurde von einem Kollektiv arabischer Israelis gegründet. Manchmal gibt's Konzerte mit Bands aus Ramallah. Und sogar Größen wie Nicolas Jaar haben hier gespielt. Vorher am besten bei Facebook schauen, was auf dem Programm steht. *Sderot Hameginim 40 | Tel. 04 82 3 94 48 | short.travel/isr8*

ÜBERNACHTEN

BETH SHALOM

Kleines Hotel, auf der Höhe des Carmel gelegen. Zum Haus gehört eine Cafeteria. *30 Zi. | Hanassi Ave. 110 | Tel. 04 8 37 74 81 | www.beth-shalom.co.il | €€*

INSIDER TIPP **COLONY HOTEL HAIFA**
Das liebevoll restaurierte historische Haus steht in der German Colony. Die Betreuung ist sehr gut, da das Haus familiengeführt ist. *40 Zi. | Ben Gurion Blvd. 28 | Tel. 04 8 51 33 44 | www.colony-hotel.co.il | €€*

DAN GARDENS HAIFA
Klein, aber fein. Das Hotel am Carmel bietet einen traumhaften Ausblick und ist mit allem nur erdenklichen Komfort sowie mit einer sehr schönen Terrasse ausgestattet. *31 Zi. | Yeve Nof St. 124 | Tel. 04 8 30 20 20 | www.danhotels.com | €€€*

DAN PANORAMA HAIFA
Ebenfalls auf dem Berg Carmel gelegen, der Ausblick ist aber auch traumhaft! Das Hochhaus-Hotel ermöglicht mit eigenem Kinderclub (Danny-Land) Familien einen entspannten Urlaub. *266 Zi. | Hanassi Ave. 107 | Tel. 04 8 35 22 22 | www.danhotels.com | €€€*

JUGENDHERBERGE CARMEL
Im Süden der Stadt gelegen. Frisch renoviert. *16 Zi. à 5 Betten | Tzivia Veltzhak St. | nördlich des Haifa-Tunnels | Tel. 04 8 53 19 44 | www.iyha.org.il | €*

AUSKUNFT

HAIFA TOURIST BOARD
So–Do 9–17, Fr 9–13, Sa 10–15 Uhr | Ben Gurion Ave. 48 | Tel. 04 8 53 56 06 | www.visit-haifa.org

Säkular? Hightech? Weltstadt? Central Library und das Azrieli Center halten Tel Avis Versprechen

ZIELE IN DER UMGEBUNG

CARMEL (130 B3–4) *(🕮 D3–4)*
Den Berg Carmel (Karmel), ein sich 30 km hinstreckendes Mittelgebirge südöstlich von Haifa, wird in der Bibel als „Weinberg Gottes" bezeichnet. Auch Baron Edmond de Rothschild hat hier angebaut, heute beliefern seine *Carmel Winery (Zichron Yaakov | Tel. 04 6 39 17 88, vorher anrufen und Termin ausmachen)* und die benachbarte *Tishbi Estate Winery (So-Mi 8–17, Do 8–22, Fr 9–15 Uhr | Binyamina-Giv'at*

Ada | Tel. 04 6 38 04 34) alle Welt mit koscherem Wein. Das Gebirge ist neben den Golan-Höhen auch Hauptsiedlungsgebiet für die drusische Bevölkerung Israels. *Daliyat El Carmel* (Daliyat el Karmil) und *Isfiya*, 16 km südöstlich von Haifa, sind mit 16 000 Ew. der größte Wohnort dieser arabischen Minderheit. Im *Druze Heritage House (tgl. 10–18 Uhr | 8th St.)* lernen Sie mehr und in *Nurah's Kitchen Soania (Rehov 7 | Tel. 04 8 39 36 08, 05 23 84 85 76)* können Sie sich danach mit drusischen Leckereien aufpäppeln.

INSIDER TIPP **EN HOD** (130 B4) *(D4)*
Die Künstlerkolonie, 15 km südlich von Haifa, ist ein bisschen aus der Zeit gefallen: Rund 180 Familien bewohnen das Dörfchen im Gebirge und töpfern, malen, sticken, pflanzen, nähen. Es gibt recht kostspielige Souvenirs. Der Weg führt von einem versteckten Häuschen zum nächsten. Im Unabhängigkeitskrieg wurde das ehemals arabische Dorf fast völlig zerstört. Marcel Janco, ein bekannter Dadaist, konnte die Einebnung verhindern und das Dorf für israelische Künstler retten. *Janko Dada Museum tgl. 10–17 Uhr | Eintritt 30 NIS*

TEL AVIV

KARTE AUF SEITE 44
(130 A–B6, 132 B–C1) *(C–D6)*

Irdisches Zentrum, weiße Stadt oder einfach Sin City – Tel Aviv (über 1 Mio. Ew.) ist anders als der Rest des Landes.

Hektisch, säkular, hedonistisch, modernste Weltstadt im Nahen Osten. Hier findet man Bars und Clubs und Restaurants in Hülle und Fülle, man trifft halbnackte Jogger auf der Promenade und Bikini-Damen beim Volleyball. Es wird in den Tag hinein gelebt, Politik und Religion scheinen weit, weit weg. Nicht selten wird den Tel Avivis deswegen Eskapismus vorgeworfen und die Stadt als „Bubble" bezeichnet. Zugleich ist Tel Aviv der wirtschaftliche sowie kulturelle Mittelpunkt des Landes: Nirgendwo sonst gibt es so viele Start-ups und internationale Unternehmen, so viele Galerien, Konzerte, Kinos, so viel „unfrommes" Leben.

CITY **WOHIN ZUERST?**
An den Strand, den Frishman Beach (44 A3). Meer und Sonne bestimmen den Rhythmus der Stadt. Zum Stadtbummel wählen Sie am besten eine der Querstraßen, nach denen die Strandabschnitte benannt sind. Für Boulevards und Cafés laufen Sie *Bograshov* oder *Trumpeldor St.* hinauf. Für mehr Tumult nehmen Sie die *Geula* oder *Ezra HaSofer St.* Die Stadt verfügt über ein sehr gutes Busnetz (5,90 NIS pro Fahrt). Die gelben Sammeltaxis Nr. 4 und 5 fahren die großen Verkehrsadern in Nord-Süd-Richtung ab.

Die Stadt ist erst hundert Jahre alt. 1909 siedelten Juden aus dem arabischen Yafo (Jaffa) in die nördlich gelegenen Dünen und gründeten dort, wo heute der Shalom Tower steht, eine Stadt. Sie gaben ihr den hebräischen Namen des „Altneuland"-Buchs von Theodor Herzl: „Frühlingshügel". 1887 hatten bereits einige jüdische Familien die kleine Siedlung Neve Zedek gegründet; heute denkmalgeschützt und durchgentrifiziert. Ähnlich und doch etwas ruhiger geht es im „Weinberg der Jemeniten" zu; dem Viertel am Carmel Market mit seinen Marktschreiern, offenen Küchen, einstöckigen Häuschen und Khat-Blätter kauenden Bewohnern. Je weiter man

A
B
C
1
2
3
4
5
Airport
Beit Hatfutsol (Nahum Goldmann Museum)
Sderot Rokach
Yargon
Tel Aviv Port
Ussishkin
Yehuda HaMaccabi
Namir Rd.
Pinkas
Weizman
De Haas
Sheraton Beach
Metzitzim Beach
Religious Beach
Nordau
Independent Park
HaYarkon St.
Ben Yehuda
Sderot
Sderot Nordau
Yehoshua Bin Nun
Ibn Gabrol
Pinkas
Remez
He Be'Iyar
St.
Basel St.
Jabotinsky
Savidor
Hilton Beach
Arlozorov St.
Arlozorov St.
Ben Gurion House
Adam HaCohen
HaMelech
Gan Ha'ir Mall
Bloch
Ha Apalam Memorial
Sderot Ben Gurion
Gordon Beach
Dizengoff
Reines
Shlomo
Rabin Square
Tel Aviv Museum of Art
Ibn Gabirol
Sderot Chen
Leonardo da Vinci St.
Sderot Sha'ul HaMelech
Derech Menachem Begin
Azrieli Mall
Ha Shalom
Azrieli Centers
Frishman St.
Frishman Beach
Dizengoff Square
Dizengoff Center
Helena Rubinstein Pavilion
Charles Bronfman Auditorium (Culture Palace)
Eliezer Kaplan St.
Bograshoff Beach
Ha-Yarkon St.
Bograshov
SARONA (HAQIRYA)
Ayalon
Habima Theatre
Ben Tsiyon
Pinsker St.
Meir Garden
King George St.
Opera Tower
Bauhaus Museum
Sderot
Yehuda ha-Levi
Carlebach
MONTEFIORE
Yemshabim Beach
HATEMANIM
HaAvoda St.
Ahad Ha'Am St.
Tourist Information
Carmel Market
Magen David Sq.
Sheinkin St.
Aviv Beach
Allenby St.
Rothschild
Ha-Kovshim
HaCarmel St.
Balvour
Beit HaKnesset Hagadol
HARAKKEVET
Derech Menachem Begin
Shalom Tower
Hagana Museum
HaRakevet
Charles Clore Park
MANSHIYA
Independence Hall
Herzl St.
Nachum Gutman Museum
NEWE SEDEQ
Prof. Y. Kaufmann
Levinsky
St.
Yehieli St.
Eilat St.
FLORENTIN
Beit Gidi Etzel Museum
HaTachana
Herzl St.
Sderot Har Tsiyon
Central Bus Station
Ha Hagana
NEVE SHA'ANAN
Sderot Yerushalayim
Mifratz Shlomo
Beit Eshel
Olei Zion
Yefet
Jaffa
Pasteur
YAFO
Derech Kibuts Galuyot
Design Museum Holon
Tel Aviv
500 m
547 yd
20
1

sich gen Norden bewegt, desto europäischer und organisierter scheint die Stadt zu werden. Die Dizengoff Street ist für ihre teuren Boutiquen bekannt, am Tel Aviv Port findet man Delikatessen und am Habima Square vor dem Nationaltheater kann man sich zu klassischen Klängen aus versteckten Lautsprechern in den Blumenbeeten entspannen. Hochhäuser und Luxushotels bestimmen die Skyline – wenn möglich im Flieger einen Fensterplatz ergattern, der Anflug ist beeindruckend!

SEHENSWERTES

BAUHAUS-ARCHITEKTUR (44 B2–4)

Wer's gerne rund und geschwungen und dazu noch weiß mag, dem wird das Stadtbild Tel Avivs gefallen. 2004 hat die Unesco in der Stadt die Bauhaus-Architektur entdeckt. Seitdem herrscht in Tel Aviv das „Bauhaus-Fieber". Hauseigentümer und Stadtverwaltung bemühen sich, wenigstens 1000 der ca. 4000 weißen Häuser in der Architektur der 1930er-Jahre vor dem Verfall zu retten. Neben ansehnlich renovierten Häusern stehen auch viele heruntergekommene. Die Bauhaus-Architektur konzentriert sich um den Rothschild Boulevard, den Straßen Balfour und Mazeh sowie entlang der Straßen Dizengoff und Frishman. Es gibt ein *Bauhaus-Museum (Mi 11–17, Fr 10–14 Uhr | Bialik St. 21 | Eintritt frei)*, und ein privates *Bauhaus-Center (Dizengoff St. 77 | Tel. 03 5 22 02 49 | www.bauhaus-center.com)* bietet Führungen *(2 Std. 80 NIS)* an.

BETH HATEFUTSOT – DIASPORA-MUSEUM (0)

Didaktisch sehr gut aufbereitet wird hier die zweitausendjährige Geschichte jüdischen Lebens in der Diaspora seit 70 n. Chr. Leider ein bisschen außerhalb auf dem Universitätsgelände. *So–Mi 10–19, Do 10–22.30, Fr 9–14, Sa 10–15 Uhr | Ramat Aviv | Campus (Tor 2, Klausner St. 15) | mit Bussen 274, 572, 7, 25 | www.bh.org.il | Eintritt 45 NIS*

CARMEL MARKET (44 B3–4)

Auf keinen Fall verpassen sollten Sie die Fruchtsäfte und Falafelstände, die offenen Küchen, die Baklava-Desserts, Trockenfrüchte, Gewürze, den ganzen Ramsch und Kitsch und das ständige Schreien der Verkäufer auf dem Carmel Market. Der überdachte Bazar liegt im Herzen der Stadt im Fadenkreuz der Straßen King George, Allenby und Sheinkin. Auf einem großen Vorplatz wird Musik gemacht und freitags zackig gebetet. In den Seitenarmen des Markts gibt es Fleisch und Fisch und Freitagvormittag wird hier oft vor dem Shabbat getrunken und getanzt.
Das urige Viertel „Weinberg der Jemeniten" schmiegt sich direkt an die Marktstände an. Verirren Sie sich ruhig mal in den kleinen Gassen, dann finden Sie die zwei Häuser mit Muschelfassade. Achtung vor den dürren Straßenkatzen, die sich um Knochen balgen – ihnen gehören hier die Straßen!

DESIGN MUSEUM HOLON (0)

In einem futuristischen Rundbau in Form einer rotbraunen Federspirale ist das erste Designmuseum Israels untergebracht. Es widmet sich nicht nur in wechselnden Ausstellungen den weltweiten Trends. Checken Sie vorher, was gerade ansteht! *Mo, Mi, Sa 10–16, Di u. Do 10–20, Fr 10–14 Uhr | Pinhas Eilon St. 8 | www.dmh.org.il | Eintritt 35 NIS*

FLORENTIN (44 B4–5)

Im südlich an Neve Zedek angrenzenden Viertel wohnen am liebsten die Hippies und schmücken ihre Balkone mit Mandalas und Räucherstäbchen. Dreadlocks- und Flip-Flop-Träger bestimmen das Bild, in den Cafés gibt's vegane Gerichte und Smoothies. Wenn Sie nach einem Mitbringsel für Familie und Freunde suchen, machen Sie am letzten Tag einen Ausflug zum INSIDER TIPP *Levinsky-Markt (tgl. 8–18 Uhr)*: Die Stände biegen sich unter dem Gewicht von Gewürzen in Rot, Grün, Gelb. Trockenfrüchte und Nüsse im Überfluss! Danach gibt es Erholung in einem der lebendigen Cafés Florentins, die Schachbrett-Nachbarschaft kurz vor Jaffa.

HANAMAL – TEL AVIV PORT (44 A1)

Im Tel Aviv Port, fußläufig von den großen Strandhotels aus zu erreichen, wurden die alten Hangars mit allerlei Boutiquen und Restaurants bestückt. Schlendern Sie am besten abends in der Brise auf den Holzplanken mit einem Eis in der Hand. Chill-out-Faktor: hoch! *Nemal Tel Aviv St. 12*

HATACHANA – THE STATION (44 A5)

Ein guter Rundweg: Vom südlichen Strandabschnitt bei Geula gelangen Sie mit ein paar Schritten bequem zum historischen Bahnhof Tel Avivs. 1888 begann hier eine Eisenbahnlinie von Jaffa nach Jerusalem. Ein Jahrhundert später wurden die 22 Gebäude restauriert und der Öffentlichkeit zugänglich gemacht. Nun kann man zwischen den stillgelegten Gleisen bummeln, sich mit einem Getränk im Schatten erfrischen und dann einen Spaziergang nach Neve Zedek mit seinen blumenbewachsenen roten Dächern machen. Halten Sie dort unbedingt bei *Anitas Eiscreme (Pines Str. 40)*. *So–Do 12–24, Sa/Fr 10–24 Uhr Kaufmann/Hamered St.*

NEVE SHAANAN (44 C5)

Im südlichsten Viertel der Stadt sticht zunächst der zentrale Busbahnhof ins Auge – ein Ungetüm aus Stein und Stahl, das eigentlich die Nachbarschaft beleben sollte. Leider erwies sich das als Trugschluss und die Straßen um den Bahnhof versinken in Feinstaub und Misere. In den letzten Jahren hat sich die Nachbarschaft jedoch zum quirligen Mittelpunkt afrikanischen Lebens der Stadt entwickelt, die *Neve Shaanan Street* lockt mit sudanesischen Straßenküchen, eritreeischen Friseuren und sauren Fladenbroten, wilder Street Art und einer Open-Air-Bibliothek im *Levinsky Park.* Hier erleben Sie Tel Aviv von einer ganz anderen Seite.

WENN DER SHABBAT BEGINNT

Am Freitagabend beginnt in ganz Israel der Shabbat. Die Restauranttische sind besonders schön gedeckt, noch vor Sonnenuntergang hat das Personal auf jeden Tisch eine Flasche Wein gestellt und zwei Kerzen angezündet, und es gibt immer Buffet. Das männliche Familienoberhaupt beginnt mit dem *Kiddusch.* Dabei segnet er ein Glas Wein mit einem gesungenen Gebet und begrüßt den Shabbat mit einem Schluck Wein. Dann wird das *Challah*-Brot (ein mit Mohn und Sesam bestreuter Brotzopf) gesegnet und an alle verteilt. Jetzt reicht sich die Familie die Hände und schreitet zum Buffet.
Jede der frommen Familien begeht diese Zeremonie in ihrem Kreis. Alle anderen Familien hören jeweils zu, lassen sich aber beim Essen nicht stören.

Richtungsweisend im alten Hafen von Old Yafo: Minarette neben Leuchtturm

OLD YAFO (44 A5)

Kein Tel-Aviv-Besuch ohne Yafo (Jaffa)! Schon von Weitem lockt die Kulisse mit ihren Türmen und grünen Minaretten, schon von Weitem hört man den Muezzin singen. Wieder waren es die Kreuzfahrer, die Jaffa in eine Festung am Meer verwandelten. Und wieder war es Napoleon, der sie zerstörte – bis die Türken sie schließlich wieder aufbauten. Heute ist der arabische Teil Tel Avivs eine Mischung aus Künstlerquartier, Touristenhub und authentischem Wohnviertel. Der nördliche Abschnitt ist völlig gentrifiziert und von Galerien und Pop-up-Bars eingenommen; je weiter man jedoch gen Süden in die Straßen eindringt, desto ursprünglicher wird es.

Man erreicht Jaffa per Bus (z. B. 18, 25, 125) oder bequem zu Fuß. Auf der Promenade am Strand entlang bahnen Sie sich den Weg zwischen Joggern, Anglern und arabischen Familien, die im *Charles Core Park* grillen. An heißen Tagen kann man ins Schwitzen kommen; Achtung kein Schatten! Verpassen Sie nicht den *Flohmarkt (So–Do 9–17, Fr 9–14 Uhr, Olei Zion St.)* – bunte Teppiche und guter Kaffee garantiert. Ein kleiner Anstieg auf den Berg und zum Torbogen *Gate of Faith* des Künstlers Daniel Kafri ermöglicht Ihnen einen Topblick über die Stadt. Im alten *Hafen* begegnen Sie Hochzeitsgesellschaften und alten Fischkuttern. Cafés gibt es in den Straßen *Nakhman* und *Rabbi Khanina*. Eine kostenlose *Old Jaffa Tour* wird täglich geboten *(tgl. 11 u 14 Uhr für 2 Std. | www.neweuropetours.eu/telaviv | Treffpunkt: Clock Tower)*. *Touristeninformation: Old Jaffa Visitor Center| Mazal Degim St. 17 | Tel. Tel. 03 5 18 40 15 | www.oldjaffa.co.il*

TEL AVIV MUSEUM OF ART (44 C2–3)

Beste Sammlung internationaler Kunstwerke in Israel, im neuen Amir-Anbau außerdem Fotografie und Designarchive. Wechselnde Ausstellung namhafter israelischer Künstler. Manchmal Tag der offenen Tür mit großen Konzerten – sollten

Sie nicht verpassen! *Sa, Mo, Mi 10–18, Di, Do 10–21, Fr 10–14 Uhr | King Saul Blvd. 27 | www.tamuseum.com | Eintritt 50 NIS*

ESSEN & TRINKEN

Tel Avivis sind Genießer. Ein Großteil des Einkommens wird dem guten Leben geopfert, das das regelmäßiges Ausgehen in der Stadt mit einschließt. Obwohl es überall die typisch israelischen Spezialitäten gibt, hat doch jedes Viertel seine eigene Küche. Im *jemenitischen Viertel* gibt es hausgemachte Eintöpfe, frische Säfte und Salate vom Markt. In *Jaffa* gibt's den besten Hummus und *Schawarma* der Stadt, in *Neve Zedek* geht es schicker und französischer zu. Hier sitzt man bei einem Glas Wein im Bistro oder bummelt mit einem Eis durch die Straßen. Auf den großen Straßen wie *Ben Gurion* und *Rothschild* gibt es die internationalen Ketten, aber auch winzige Cafés in der Mitte der Allee. Einfach mal stoppen, einen Kaffee holen und damit auf einer der Bänke im Schatten das Treiben beobachten.

Kulinarisch vor Anker gehen – im ehemaligen Hafen Tel Avivs

INSIDER TIPP **ABU HASSAN** **(0)**
Hier soll's den besten Hummus des Landes geben. Wenn Sie Abu Hassan nicht finden: Der Laden bzw. die Läden (es gibt zwei Filialen in Jaffa) sind überall bekannt. Unbedingt *Msabbaha* bestellen! *Shivtei Israel St. 14, tgl. 8–16 Uhr u. Hadolfin St. 1, So–Fr 8–15 Uhr | €*

INSIDER TIPP **BENEDIKT** **(44 A2)**
Frühstücken rund um die Uhr! Und gerne mit Sauce Hollandaise. Unbedingt Eggs Benedict versuchen. *Tgl. 0–24 Uhr | Rothschild Blvd. 29 | Tel. 03 6 86 86 57 | €*

INSIDER TIPP **CAFÉ BATYA** ● **(44 C3)**
Ältestes jüdisches Restaurant der Stadt (1941 gegründet). Sehr gute osteuropäische Küche. An den Wänden Fotos bekannter Gäste. Natürlich koscher. *Tgl. 11–21 Uhr | Hashmonaim St. 95 | Tel. 03 5 22 13 35 | €*

CAFÉ REGA **(44 B3–4)**
Peoplewatching auf der Sheinkin Street, gemütliche Couches, holzgetäfelte De-

cken. In den Räumlichkeiten des legendären Café Tamar, in dem einst die intellektuelle Elite der Stadt Kaffee schlürfte. *Sheinkin St. 57 | Tel. 050 2 78 50 59 | €*

KANHAKUKIA (0)
In diesem „Kuckucksnest" serviert man Ihnen Kunstausstellungen und Rotwein. Tagsüber Antiquitäten, abends Restaurant, DJs, im zweiten Stock Galerie und Dachterrasse. Hohe bunte Decken, wechselnde Ausstellungen. *Tgl. 19–2 Uhr | Noam St. 3 | Tel. 05 48 38 74 52 | €€*

THE OLD MAN AND THE SEA (0)
Die Tische biegen sich unter der Last der Speisen – für nur 50 Shekel bekommen Sie in diesem arabische Restaurant so viele Salate und Dips, wie Sie nur wollen, es wird ständig nachgefüllt. Exzellenter Fisch. Eher an heißen Tagen eine gute Wahl, innen leichter Kantinen-Flair. *Tgl. 11–24 Uhr | Retzif Haaliya Hashniya St. 101 | Tel. 05 38 09 43 46 | €–€€*

ORNA & ELLA (44 B3)
Edel und doch entspannt, perfekt für ein Date oder Essen mit Stil. Internationale Küche. Kleiner Garten, für einen Sitzplatz dort am besten reservieren. Berühmt für seine Süßkartoffelpuffer. *Tgl. 10–24 Uhr | Sheinkin St. 33 | 03 5 25 20 85 | €€€*

INSIDER TIPP PORT SAID (44 B4)
Ein bisschen sehen und gesehen werden, schöne Menschen und erstklassige mediterrane Küche. Draußen sitzen vor der großen Synagoge, ständig rennen die Kellnerinnen. Probieren Sie unbedingt das French Toast als Nachspeise! *Sa–Do 12–3, Fr 12–7 Uhr | Har Sinai St. 5 | €€*

EINKAUFEN

Auf den Straßen *Dizengoff* und *Ben Yehuda* gibt es Teures, auf der *Sheinkin Street* Schickes und auf der *King George* Billiges. In der größten Mall, dem *Dizengoff Center (Dizengoff St. 50 | So–Do 10–22 | Fr 10–14 Uhr)*, finden Sie das meiste, in der *Sarona-Kolonie* schlendert man stilbewusst durch eine ehemalige Siedlung der deutschen Kreuzritter, kauft ein Designer-T-Shirt in einer der schicken Boutiquen und isst danach eine Gourmet-Eiscreme aus Holunder und Hibiskus. Souvenirs erstehen Sie auf dem *Carmel Market*. Für Boutiquen und Schmuck ab zur *Shabazi Street* in Neve Zedek. Hebräische Bücher (und guten Kaffee!) gibt's im *Kleinen Prinzen (King George St. 19 | So–Do 9–24, Fr 9–18.30, Sa 19–24 Uhr)*, gute Platten im *Third Ear Record Store (King George St. 48 | So–Do 10–22, Fr 9–17, Sa 8–23 Uhr)*.

FLOHMARKT NAHALAT BINYAMIN (44 B4)
Jeden Freitag vorm Shabbat werden im ehemaligen Textildistrikt die Stände ausgeklappt und zwischen den Bauhausruinen Schmuck, Antiquitäten, Kunst und Tand verkauft. *Nahalat Binyamin*

STADTRUNDGÄNGE

Das Fremdenverkehrsamt *(www.visit-tel-aviv.com)* oder *www.neweuropetours.eu/telaviv)* bieten themenbezogene, kostenlose Stadtrundgänge („Free Walking Tours") in Englisch an z. B. zu Bauhaus in Tel Aviv, Tel Aviv Port oder Sarona.

SPORT & STRÄNDE

Ab an den Strand! Meer und Sonne bestimmen den Rhythmus der Stadt. Und jeder Strandabschnitt hat seinen eigenen Charakter, benannt werden sie nach den Querstraßen: Am *Frishman Beach* können Sie ungestört im Schatten auf den Treppenstufen lesen, am *Geula Beach* bestaunen Sie den braungebrann-

Baden am Strand von Tel Aviv wird doch echt überbewertet

ten Körperkult und Rastas und am *Alma Beach* können Sie muslimischen Familien beim Sandburgbauen zuschauen. Einfach entlang der Promenade wandern und den besten Abschnitt aussuchen.

In Tel Aviv herrscht Körperkult. Der Stadtstrand ist nicht nur für Sonnenanbeter, sondern auch für die, die trainieren wollen: Jogger, Yogagruppen, Volleyballspieler, Kite-Surfer und vor allem Matkotspieler (eine Art Strandtennis) prägen das Bild. In regelmäßigen Abständen stehen an der Promenade Outdoor-Fitnessstudios für Muskeltraining. Verschwitzt muss niemand durch die Stadt: Süßwasserduschen gibt's hier überall. Neoprenanzüge, Boards und Surfunterricht bietet der *Israel Surf Club (tgl. 8–19.30 Uhr | Retsif Herbert Samuel St. 5 | Tel. 03 5 10 34 39)*. Basketball- und Fußballplätze finden Sie im *Hayarkon Park*, dort können Sie auch die (Kletter-)Wand hochgehen. Grüne City-Bikes können Sie an einer der 180 Stationen mieten, die erste halbe Stunde Fahrt ist immer umsonst *(www.tel-o-fun.co.il)*. Oder am Verleih: *Cycle Bike Rental | So–Do 10–18 Uhr | Ben Jehuda St. 147 | Tel. 03 5 29 30 37 | Rad: 70 NIS/Tag*

AM ABEND

Tel Avivis lieben die Nacht. Die Temperaturen sinken, die Menschen flanieren, trinken, essen und feiern. Bars servieren oft auch Essen, in vielen Restaurants gibt es eine Bar. Auf jeden Fall müssen Sie Arak probieren! Die Elektronikszene kommt in Tel Aviv auf ihre Kosten, aber auch Rock und Punk sind derzeit nicht zu knapp in der Stadt zu hören. Große Konzerte finden immer im *Hayarkon Park* statt. Auf den neuesten Stand bringt Sie das Magazin „Time Out“ oder Sie checken einfach unter *www.secrettelaviv.com* aktuelle Events.

ALPHABET (44 B4)

Kleiner Club direkt unter den WeWork-Büros, im Untergeschoss, zwei Floors, gute DJ-Line-ups. *Mo, Mi, Do, Fr 23–6 Uhr | Ahad Haam St. 54 | Tel. 05 09 37 93 93 |*

ANNA LOULOU (O)

Elektronische Musik mit arabischem Touch, manchmal Hip-Hop. Hier feiert Jaffa. *So–Sa 22–4 Uhr | 1 Hapninim St.*

BEIT HAAMUDIM (44 B4)

Jazzclub mit kleinen vegetarische Speisen und viel Wein. Sehr atmosphärisch:

bemalte Fußböden, große weiße Säulen. Tische stehen gemütlich draußen in der Fußgängerpassage. *Rambam St. 14 | Tel. 03 5 10 92 28 | tgl. 11–2 Uhr*

THE BLOCK (44 B5)
Der aufregender Unterground Club ist ein beliebter Treff. Internationale DJs treten auf, es gibt Techno, Beat und Electronic Vibe. Sehr gute Musikanlage. *Di–So 22–4 Uhr, bei Live-Auftritten Einlass 23.30 Uhr | Salameh St. 157 | Tel. 03 5 37 80 02 | www.block-club.com | Eintritt als Verzehr-Voucher*

OTSAR (44 B4)
Junges Publikum, Hipster-Treff direkt neben dem Port Said. Viel Haut und große Bärte. Winziger Dancefloor, man steht meist vor der Tür mit einem Bier. *So–Do 20–3 Uhr | Har Sinai St. 1 | Tel. 03 5 66 68 30*

ROMANO/TEDER (44 B4–5)
Restaurant (€€), Plattenlabel, Galerie, Bar — alles in einem. Im Innenhof, zweistöckig, Lichterketten, umgeben von alten Textilshops. Geschäftig, laut, Szenetreff. *Tgl. 18–3 Uhr | Jaffa Rd. 9 | Tel. 05 4 31 77 05 1*

ÜBERNACHTEN

Tel Aviv besitzt das größte Hotelangebot im Land; Wenn Sie am Strand wohnen möchten, sollten Sie ein Haus in der Hayarkon Street wählen. Überblick über Hotels gibt: *Tel Aviv Hotel Association | Tel. 03 5 17 01 31 | www.telaviv.hotels.org.il.* Apartments (ab 3 Tage) in allen Stadtteilen vermittelt *Dinami (Tel. 03 7 41 47 95 | www.dinami.co.il).*

ABRAHAM HOSTEL (44 B4)
Perfekt für Backpacker und Menschen, die Anschluss suchen. Kein ramschiges Hostel, sondern mit viel Stil. Dachterrasse. Oft auch Konzerte. Zentral gelegen. *350 Betten in Dorms und privaten Zimmern | Levontin St. 21 | Tel. 03 6 24 92 00 | €*

DAN TEL AVIV (44 A3)
Klassiker direkt am Strand. Große Zimmer und Suiten mit allem Komfort. Das ele-

GAY TEL AVIV

Tel Aviv gilt aufgrund seiner Offenheit gegenüber Homosexuellen als Schwulen-Hauptstadt des Nahen Ostens. 1998 wurde hier die erste Christopher-Street-Day-Parade (Gay Parade) gefeiert.
Tel Aviv wirbt weltweit als Gay-Party-Hauptstadt. Das Fremdenverkehrsamt gibt den Prospekt „Friends-Gaymap" mit Hotels und Szene-Hinweisen heraus *(www.gaytlvguide.com)*. Viele private Reiseveranstalter bieten ihre Dienste der internationalen Szene für Wochenendaufenthalte an *(z.B. www.gaytelaviv.net)*, und spätestens am Flughafen in Tel Aviv können Interessierte die Broschüre der israelischen Botschaft „Rechte der Homosexuellen in Israel" *(www.israel.de)* erwerben. In den von der Szene bevorzugten Hotels bekommt man den kostenlosen Pocket Dictionary (englisch-hebräisch) for Lesbians and Gays „All you need to know to act and feel like a local". Infos zu entsprechenden Buchungen in Deutschland bei *Spartakus, GMF-Berlin*, *www.gmf-berlin.de.*

gante Haus ist das einzige Hotel der Stadt mit In- und Outdoor-Schwimmbad. *286 Zi. | Hayarkon St. 99 | Tel. 03 5202525 | www.danhotels.com | €€€*

JUGENDHERBERGE BNEI DAN (44 B1)
Die Jugendherberge liegt im Norden am Yarkon-Fluss (Buslinien 4, 24, 25). *45 Vier- und Zweibettzimmer | Bnei Dan St. 36 | Tel. 03 5945655 | www.iyha.org.il | €*

INSIDER TIPP NEVE TZEDEK (44 B4)
Kleines Boutiquehotel. Die Räume im denkmalgeschützten Haus sind Meisterwerke der Innenarchitektur: Hier wurden viele Naturmaterialien, Glas und Grün verwendet. *22 Zi. | Dgania St. 4 | Tel. 03 5160140 | www.nevetzedekhotel.com | €€€*

SHERATON TEL AVIV HOTEL & TOWERS (44 A3)
Eines der ersten Hochhaushotels der Luxusklasse am Strand. Große Zimmer, zwei Schwimmbäder, perfektes Businesscenter. *313 Zi. | Hayarkon St. 115 | Tel. 03 5211111 | www.starwoodhotels.com | €€€*

AUSKUNFT

TOURIST INFORMATION CENTER (44 A4)
Lahot Promenade/Herebert Samuel St. | Tel. 03 5166188 | www.tel-aviv.gov.il. Außerdem *www.visit-tel-aviv.com, www.telavivcity.com.*
Alle zwei Monate erscheint der Veranstaltungs- und Kulturkalender „Time out in Israel". *10 NIS, im Hotel kostenlos | digital.timeout.co.il*

LESEHUNGER & AUGENFUTTER

Zero Motivation (2014) – Auch im israelischen Militär gibt es viele totlangweilige Bürojobs; gerade Frauen verbringen oft Zeit mit stumpfsinniger Schreibarbeit. Regisseurin Talya Lavie porträtiert eine Gruppe junger Mädchen, die keinen Bock mehr auf Strammstehen und Kaffeekochen haben

Tötet zuerst (2012) – Auf Englisch etwas harmloser „The Gatekeepers" genannt, beschreibt der Dokumentarfilm (für den Oscar nominiert) die Arbeit des israelischen Inlandgeheimdienstes Shin Bet in den palästinensischen Gebieten. Regisseur Dror Moreh ist es gelungen, ehemalige Chefs des Geheimdienstes vor die Kamera zu holen. Sie sprechen über Folter, Okkupation und die Rechtmäßigkeit ihrer Arbeit

Exodus (1958) – Ein Klassiker: Leon Uris Roman, seit Erscheinen in über 50 Sprachen übersetzt, erzählt von der Entstehungsgeschichte Israels, dem ersten israelisch-arabischen Krieg und der Revolte gegen die Briten. Der Titel spielt sowohl auf das erste Flüchtlingsschiff namens Exodus als auch auf das Buch in der Bibel an, das den Auszug der Israeliten aus Ägypten beschreibt

Missing Kissinger (1994) – Jeder in Israel kennt den Star-Autor Etgar Keret und seine legendären Kurzgeschichten. Die Impressionen mit Moral und Humor aus der Sammlung Missing Kissinger sind gespickt mit kuriosen Details und führen Sie in den Alltag vieler Israelis ein – ohne dabei dauernd von Nahostkonflikt zu sprechen

ZIELE IN DER UMGEBUNG

CAESAREA MARITIMA ★
(130 B5) *(D4)*

Mit Meerblick durch Ruinen streunen: Caesarea (Hefar Qesari), 45 km nördlich von Tel Aviv, ist eine der bedeutendsten Ausgrabungsstätten Israels. 25–13 v. Chr. unter Herodes erbaut, begann im Jahr 66 der legendäre jüdische Aufstand gegen die Römer, der zur Zerstörung Jerusalems führte und sein blutiges Ende auf dem Felsplateau von Massada fand. Die Ruinen des Forums, des Amphitheaters und des Hippodroms lassen die einstige Größe der Stadt erahnen. 2015 haben Hobbytaucher hier den größten Goldschatz Israels entdeckt: Rund 2000 Münzen, rund 9 Kilo schwer, knapp 1000 Jahre alt und unschätzbar wertvoll. Und ein Jahr später fand man direkt vor der Küste römische Bronzestatuen in phänomenal gutem Zustand. Alle römischen Ruinen (außer dem Aquädukt) liegen im *Caesarea National Park (April–Sept. 8–18, Okt.–März 8–16 Uhr | www.parks.org.il | Eintritt 40 NIS)*. Gratisführungen um 11/12/13 Uhr. Im INSIDER TIPP *Dan Caesarea (114 Zi. | Tel. 04 6 26 91 11 | www.danhotels.com | €€€)* übernachtet man mit Stil, dem einzigen Hotel Israels mit Golfplatz. Ein Restaurant in der Nähe der römischen Ruinen ist das *Clubhouse des Golfclubs (Nineteen Caesarea | tgl. 9–22 Uhr | Tel. 04 6 26 70 00 | €€)*, das sportlich-stilvoll, aber nicht überteuert ist.

HOF HASHARON (130 A6) *(D5)*

Zum Spaziergehen sollten Sie die 20 Minuten Autofahrt Richtung Herzliya auf sich nehmen und im *Nationalpark Hof HaSharon* durch die roten Dünen wandern. Der Blick auf die untergehende Sonne von den 40 m hohen Klippen ist grandios und manchmal jaulen bei Dämmerung die Schakale. *Eintritt frei*

Caesarea Maritima: Hier wird noch immer gegraben und gefunden

NETANYA (130 B5) *(D5)*

Netanya, etwa 30 km nördlich von Tel Aviv, ist der größte israelische Badeort (150 000 Ew.) am Mittelmeer. Vor allem den Franzosen scheint es hier zu gefallen; reihenweise haben sie Ferienhäuser aufgekauft und Liegestühle besetzt. Der Badeort verdankt seine Existenz den in dieser Region wachsenden Zitrusfrüchten, für die ein Versandzentrum gebaut werden musste. Nentanyas Highlight ist der schöne Sandstrand; sonst hüllt sich die Stadt eher in graues Hochhaus-Flair. Zudem ist Netanya heute zweites Zentrum der Diamantenindustrie, Unternehmen fertigen hier funkelnde Brillianten, deren größter Teil exportiert wird. Aber es gibt dennoch viele Schmuckgeschäfte, darunter *Diamimon (Gad Mahnas St. 2)*. Wer einen ruhigen Strand sucht: In unmittelbarer Nachbarschaft liegt das geschichtsträchtige *Apollonia* mit einer sehr schönen Lagune. *Touristinformation: Kikar Hatzmaut | Tel. 09 8 82 72 86 | www.gonetanya.com).*

DER NORDEN

Man kann sich geradezu vorstellen, wie Jesus mit seinen Ledersandalen durch die biblische Landschaft zwischen Nazareth, Tiberias und dem See Genezareth spazierte.

Im Norden des Landes ist es ruhig, die Landschaft noch ursprünglich und relativ dünn besiedelt. Hier gibt es große, geschützte Naturparks. Am Har Meron, steigt das Bergland von Galiläa bis 1200 m an, im Osten liegen die von Israel annektierten syrischen Golan-Höhen. Der See Genezareth, auf dem Jesus einst locker hin- und herschlenderte, ist heute touristisches Zentrum der Region mit allen erdenklichen Sport-, Bade- und Kureinrichtungen.

Im Norden Israels können Sie sich abseits der großen Zentren so richtig naturnah erholen. Einmal tief durchatmen: Genießen Sie es, dass hier alles ein bisschen ruhiger zugeht als im Rest des Landes. Bei so vielen Wasserfällen, Bootstouren, Pilgerstätten, Festungen, Bergdörfern und Künstlerkommunen können Sie gar nicht anders: Sie müssens die Gegend einfach lieben!

NAZARETH

(130 C3–4) (*M E4*) **Ja, es stimmt: In Nazareth (Nazerat, 65 000 Ew.) gibt es vor allem Dreierlei: Kirchen, Kirchen und, ja, Kirchen. Aber das liegt eben daran, dass Teenager-Jesus hier seine Jugend verbrachte und seine religiöse Lehre entwickelte.**

 Bild: Nazareth

Im grasgrünen Galiläa hat sich schon der Heiland wohlgefühlt, das schaffen Sie auch – am See Genezareth und in den Naturparks

Hier wuchs Jesus zum jungen Mann heran, hier entwickelte er seine religiösen Vorstellungen. Kein Wunder also, dass das hebräische Wort für Christen, „Natzri", von *Natzrat*, dem hebräischen Namen Nazareths stammt.

Alle biblischen Sehenswürdigkeiten liegen im alten Zentrum der Stadt und sind gut zu Fuß zu erreichen. Wer den Kirchenbummel beendet und genügend Heiligtümer bestaunt hat, sollte es nicht verpassen, eine kleine Spritztour durch die Umgebung zu machen – Felder, Obstkulturen und Weinanbaugebiete bilden ein idyllisches Panorama.

Heute ist Nazareth die größte arabische Stadt Israels mit ca. 35 Prozent palästinensischen Christen. Doch ähnlich wie in Haifa kommt es fast nie zu Konflikten mit den muslimischen Palästinensern.

SEHENSWERTES

INSIDER TIPP GABRIELSKIRCHE

An diesem Ort hat die Jungfrau Maria schlecht (oder eher gut?) geträumt:

Nach Überlieferungen erschien ihr hier eines Nachts der Erzengel Gabriel. Seit 1750 befindet sich genau an derselben Stelle die griechisch-orthodoxe Gabrielskirche mit einer prächtigen Ikonostase. In der Quellgrotte stößt man auf Spuren der Kreuzfahrer. In der Kirche herrscht große Stille. Und wie immer gilt: ordentlich kleiden, Schultern bedecken. *Tgl. 7–17 Uhr | Al Chanuk Rd. | Eintritt frei*

Super Superlativ: Die Verkündigungskirche in Nazareth ist größter christlicher Bau in Nahost

KDUMIM

Sollten Ihnen die Gemäuer der Kirchen zu kalt und dunkel werden, unternehmen Sie den Ansteig zum Berg Kdumim und schauen Sie vom Gipfel ins Tal und auf Nazareth. Der Wanderweg ist Teil des Jesus Trail, der sich von Norden bis Süden durch das Land zieht. Einfach von der Autobahn 60 den Schildern folgen – falls Sie schon müde sind, können Sie auch die Serpentinen mit dem Auto hinauffahren.

SYNAGOGENKIRCHE

Jede Kirche hat eine Geschichte. Diese Geschichte geht so: Jesus soll am Shabbat die Synagoge aufgesucht und der Gemeinde aus der Thora vorgelesen haben. Das schien den Kreuzfahrern zu reichen, um hier ganz fix eine wunderschöne Kirche zu erbauen. *Mo–Sa 8–12 u. 14–17 | Eintritt frei*

VERKÜNDIGUNGSKIRCHE

Nun aber ab in die Kirche der Kirchen! Die bedeutendste Sehenswürdigkeit Nazareths *(Basilica of Annunciation)* und zugleich eine der größten christlichen Kirchen im Vorderen Orient steht seit 1966 als Renaissance-Imitation genau an der Stelle *(Casa Nova St.)*, an der Maria durch Erzengel Gabriel von der kommenden Geburt Jesu erfuhr. Architektonisch ist der Bau zweigeteilt: Der obere Teil ist Maria und dem Marienkult gewidmet, im unteren Teil wurden die Ruinen einer

Kreuzfahrerbasilika integriert. Der Kirchturm ist 47 m hoch. *Tgl. 8–18, im Winter Mo–Sa 8–12 Uhr | Eintritt frei*

ESSEN & TRINKEN

FONTANA DI MARIA

Stilvoll eingerichtetes Lokal mit arabisch-orientalisch ausgerichteter Küche. Die Nähe zu „Mary´s Well", einem 2000 Jahre alten noch immer intakten Brunnen, an dem auch Maria einst ihr Trinkwasser geholt haben soll, bestimmt die Thematik der Wanddekorationen ... Besonders schmackhaft und unbedingt probieren: Kebab à la Josef. *Tgl. | Hamaayan Square | Tel. 04 6 46 04 35 |* €€

TISHREEN

Bei Tishreen sind Sie sowohl mittags als auch abends gut aufgehoben. Gebackene Aubergine, arabisches Pesto, Oliven und Feta – hier erwartet Sie hausgemachte solide mediterrane Küche. *Tgl. | El-Bishara St. 56 | Tel. 04 6 08 46 66 |* €

EINKAUFEN

In keiner anderen Stadt Israels – mit Ausnahme Jerusalems – gibt es eine solche Anhäufung von Devotionalienläden wie im Zentrum von Nazareth. Interessant ist der Bazar. Er liegt etwas abseits am Ende der *Casa Nova Street.*

ÜBERNACHTEN

AL-MUTRAN GUESTHOUSE

Mitten in der Stadt nahe den heiligen Stätten wurde aus dem 200 Jahre alten Haus der arabischen Schmuckhändlerfamilie Qattouf ein sehr schönes, gemütliches und familiäres Gästehaus. Nördlich der Verkündigungskirche. *4 Suiten mit 3 bzw. 4 Zi. | Paul VI. St. | Tel. 04 6 45 79 47 | www.al-mutran.com |* €€

FAUZI AZAR INN

Residieren Sie in einer 200 Jahre alten Villa mit arabischem Innenhof und dramatisch hohen Torbögen. Das Gästehaus ist nur fünf Minuten von der Altstadt entfernt; es gibt Schlafsäle und private Zimmer. *18 Zi. | 6108 St. | Tel. 04 6 02 04 69 |* €

PLAZA HOTEL

Der Hotelkoloss oberhalb der Altstadt bietet standardisierten Luxus mit Schwimmbad. Sie blicken von hier auf Nazareth. Der Preis für den Komfort: Sie haben eine relativ weite Anreise zu den christlichen Zentren. *184 Zi. | Hermon St. 2 | Tel. 04 6 02 82 00 | www.plaza-nazarethilit.co.il |* €€€

AUSKUNFT

NAZARETH CULTURE AND TOURISM ASSOCIATION

Im Khan El Basha Building | Casa Nova St. | Tel. 04 6 01 10 72 | www.nazarethinfo.org

MARCO POLO HIGHLIGHTS

★ Belvoir
Durch die Ruinen einer Kreuzfahrerfestung aus dem 12. Jh. wandern und einen tollen Ausblick genießen → S. 60

★ En Gev
In diesem Kibbuz essen Sie Petri-Fisch und danach chillen Sie bei einer Bootstour auf dem See → S. 61

★ See Genezareth
Zwischen den Bergen Galiläas und den Golan-Höhen liegt der bedeutendste See Israels und der Christen → S. 63

ZIELE IN DER UMGEBUNG

INSIDER TIPP **KANA** (130 C3) *(🕮 E3)*

In Kana (Kafr Kanna), 10 km nordöstlich von Nazareth, hat Jesus bei einer Hochzeitsfeier Wasser in Wein verwandelt (Joh. 2, 1–11) – ein Wunder, das man gern wiederholt sähe. Am Ort der Hochzeit steht seit 1881 eine *Franziskanerkirche (Mo–Fr 9–12 u. 14–17, Sa 9–12 Uhr)*. Die Kirchenwände sind mit Gemälden geschmückt, die dieses Wunder der Verwandlung farbenfroh und begeistert erzählen.

TABOR (130 C4) *(🕮 E4)*

Der biblische Berg Tabor (Tavor) liegt 10 km östlich von Nazareth und ist das perfekte Ziel für eine Wanderung. Seit 1631 steht hier eine große Klosteranlage der Franziskaner. Lassen Sie mal den Blick ins grüne Tal schweifen: Sie wollen am liebsten bleiben.

TIBERIAS

(131 D3) *(🕮 E3)* **Sie werden es spüren: Tiberias (Teverya, 60 000 Ew.) liegt 200 m unter dem Meeresspiegel und ist dadurch subtropisch und heißer als der Rest des Nordens. Den Schweiß können Sie sich aber sofort in einer der Thermalquellen oder bei einer Taufe im Jordan wieder vom Leib waschen.**

Schweißtreibend der Aufstieg, wunderschön der Blick ins Yezreel-Tal vom Berg Tabor aus

Die heilende Wirkung der Thermalquellen, das subtropische Klima (im Sommer bis 35 °C) haben ihren besonderen Reiz. Direkt am See liegen die großen Hotels und das Zentrum der Stadt, dahinter erheben sich im Westen die Berge, an deren bewaldeten Hängen sich die Stadt zunehmend ausdehnt. Und auch wenn Sie es nicht mit Jesus aufnehmen und einfach über das Wasser spazieren können, sollten Sie doch unbedingt eine Bootstour buchen oder sich an den vie-

len Wassersportangebote wie z. B. Surfen oder Wasserski versuchen.
Die Kriege zwischen Kreuzfahrern und Moslems konnte die Stadt dank ihrer Wirtschaftskraft überleben. Im April 1948 eroberten israelische Truppen Tiberias; heute leben nur noch wenige Palästinenser hier.

SEHENSWERTES

ALTSTADT

Und schon wieder waren die Kreuzfahrer am Werk. Hinter der 1,5 km langen *Stadtmauer* haben sie allerhand gebaut und ganze Arbeit geleistet. Bis heute zeugen die Ruinen, die *Zitadelle* sowie die alten Straßen von ihrer Stadtkultur. Reste aus der römischen Epoche und die heißen *Quellen*, die schon in der Antike bekannt waren, liegen 8 km südlich in *Hamat Tiberias* – die Thermen dort gelten als die ältesten der Welt.

YARDENIT BAPTISMAL SITE KIBBUTZ KINNERET

Wenn Sie immer schon einmal sehen wollten, wie eine ursprüngliche Taufe im Sinne Jesu und Johannes des Täufers aussah, machen Sie einen Abstecher zur Taufstelle am Jordan am Südende des See Genezareth. Hier springen Christen aller Länder und Konfessionen in weißer Taufbekleidung jeden Tag ins kühle Nass. Viele Emotionen, viele Priester, viele Sprachen, viel Weihrauch. *Sa–Do 8–17, Fr 8–16 Uhr | Tel. 04 6 75 91 11 | Täufer 230 NIS | www.yardenit.com*

ESSEN & TRINKEN

DECKS

Im Grillrestaurant, das am Ende der Uferpromenade in den See hineinragt, ist es laut, aber das Haus serviert sehr gute Fischgerichte, bei deren Genuss Sie den Lärmpegel vergessen. *Tgl. | Lido Beach | Tel. 04 6 71 08 00 | www.decks.co.il |* €€

GALEI GIL

An weiß eingedeckten Tischen gibt es in dem Fischrestaurant direkt am See hervorragend zubereiteten St.-Peter-Fisch. *Tgl. | Strandpromenade | Tel. 04 6 72 06 99 |* €€

FREIZEIT & SPORT

SEGELN UND SURFEN

Die *Kinnereth Sailing Company* an der Uferpromenade organisiert Bootsfahrten und verleiht Ruder- und Segelboote sowie Surfbretter an Wassersportfans. Eine der Attraktionen: die Fahrt über den See mit dem „Jesus Boot", der Nachbildung eines Holzboots aus dem 1. Jh. *Tel. 04 6 65 98 00 | www.eingev.co.il*

AM ABEND

Unmittelbar am Seeufer verläuft die *Tayyelet*, eine schöne Promenade, auf der Sie besonders am Abend bummeln sollten. Die Aussicht ist atemraubend: Man blickt hinüber zu den erleuchteten Siedlungen am Ostufer des Sees und auf den Golan. Am Ende der Promenade steht eine Aluminiumskulptur, die die Konturen des Sees abbildet und seine jeweilige Wasserstandshöhe angibt.

ÜBERNACHTEN

INSIDER TIPP JUGENDHERBERGE KAREI DESHE

12 km nördlich von Tiberias, direkt am See, liegt Israels schönste Jugendherberge. Ein Teil des Anwesens ist ein gehobenes Gästehaus. Wer Abgeschiedenheit bevorzugt, findet keinen besseren Ort am See. *80 Betten (auch Einzel- und Doppelzimmer) | Tel. 04 6 72 06 01 | kdeshe@iyha.org.il |* €

PILGERHAUS TABGHA

Am nördlichen Ufer des Sees Genezareth unterhält der katholische Deutsche Verein vom heiligen Land seit 1889 ein sehr schönes Pilgerhaus inmitten eines großen Gartens; absolut ruhige Lage. *68 Zi. | Habanim St. | Tel. 04 6 70 01 00 | pilgerhaus@tabgha.org.il* | €€

INSIDER TIPP THE SCOTS HOTEL

Im Zentrum oberhalb des Sees hat die schottische Kirche ihr historisches Hospital in ein eindrucksvolles Hotel umgewandelt. Das Restaurant verwendet Kräuter aus dem eigenen Garten. Weinkeller im Gewölbe. Kunstgalerie und Schwimmbad sind ebenfalls integriert. Das beste Hotel Tiberias – mit spannender Geschichte. *65 Zi. | Gdud Barak St. 13 | Tel. 04 6 71 07 10 | www.scotshotels.co.il* | €€€

AUSKUNFT

TOURISTINFORMATION GO GALILEE

Jordan St. 1 | Tel. 06 6 79 19 81 | www.gogalilee.org

ZIELE IN DER UMGEBUNG

BELVOIR ★ (131 D4) (*E4*)

Der Name Belvoirs (30 km südlich von Tiberias) sagt schon alles und enttäuscht ganz sicher nicht: Von der alten Kreuzfahrerfestung hat man den besten Blick über das grüne Jordantal. Von hier sehen Sie die bunten Äcker, Zypressen, den Jordan, den See und vielleicht – bei gutem Wetter und halb geschlossenen Augen – das Mittelmeer. Bester Foto- und Wander-Spot! Die Außenmauern der Ruinen sind außerdem noch gut erhalten und belegen, wie wichtig diese Burg einst für die Kreuzritter gewesen sein muss. Sie erreichen Belvoir über eine lange, steile und enge Straße, die von der Nationalstraße 90 in Richtung Westen abzweigt. *Tgl. April–Sept. 8–17, Okt.–März 8–16 Uhr | Nationalpark Kokhav Hayarden | Tel. 04 6 58 17 66 | Eintritt 22 NIS*

INSIDER TIPP BERG DER SELIGPREISUNG (131 D3) (*E3*)

Hier sprach Jesus die Bergpredigt und zum ersten Mal das Vaterunser (Matth. 5–7). Der Berg mit der *Kirche der Seligpreisung (tgl. 8–12 u. 14.30–17 Uhr)* liegt 4 km oberhalb von *Tabgha*. Sie können hinauffahren oder auf Jesu Spuren hinaufwandern. Oben erwartet Sie einer des besten Aussichtspunkte Galiläas. *(www.biblewalks.com)*.

BET SHEAN (131 D4) (*E4*)

Als wichtiger Handelsknotenpunkt zählte Bet Shean (Bet She'an, 40 km südlich von Tiberias) in der Antike zu den bedeutendsten Städten Palästinas. Besonders interessant ist das gut erhaltene, imposante *römische Theater*, das zu

Auch wenn Sie nicht auf biblischen Spuren reisen: Die Kirche der Seligpreisung ist ein echter Höhepunkt

den schönsten römischen Bauwerken in Israel zählt. Auf seinen Sitzreihen hatten bis zu 7000 Zuschauer Platz. Ebenfalls archäologisch interessant sind die große *Thermenanlage,* das *Nymphäum* sowie die prachtvollen langen Kolonnaden der *Palladiusstraße. Tgl. April–Sept. 8–17, Okt.–März 8–16 Uhr | Eintritt 40 NIS*

EN GEV ★ ● (131 D3) *(🕮 F3)*
Den Kibbuz erreichen Sie 8 km östlich mit dem Ausflugsdampfer über den See; 23 km sind es auf dem Landweg um das Südufer. En Gev bietet ein Freizeitzentrum, einen Campingplatz, das *Esco Musik Center,* wo alljährlich im April das „En Gev Music Festival" stattfindet, und ein Restaurant *(tgl. 11.30–22 Uhr | Tel. 04 6 65 81 36 für Reservierungen | €)* am Seeufer. Hier gibt's Petri-Fische! Zum Kibbuz gehört das 2 km südlich liegende Hotel *Holiday Resort (88 Zi., 63 Chalets | Tel. 04 6 65 98 00 | www.eingev.co.il | €€).*

GAN HASHLOSHA (131 D4) *(🕮 E4)*
Manche Israelis nennen dieses Naturreservat den Garten Eden und so ganz falsch liegen sie damit nicht. Die Quellen von *Sachne* versorgen die Naturpools des Parks ganzjährig mit warmem Wasser und Zypressen recken sich über einem breiten Wasserfall in die Höhe. Leider liegt der Park ein bisschen ab vom Schuss – am Jordan entlang fährt man rund 1,5 Stunden (46 km) von Tiberias in Richtung Westjordanland. *Tgl. April–Sept. 8–17, Okt.–März 8–16 Uhr | Eintritt 38 NIS*

GOLAN-HÖHEN
(131 D–E 1–3) *(🕮 F2–3)*
Immer weiter hoch, immer weiter gen Norden – kurz vor der syrischen Grenzen stoßen Sie auf die Golan-Höhen, ein Höhenzug von 70 km Länge. 1967 hat Israel große Teile des Gebiets besetzt und sie dann 1980 zu israelischem Staatsgebiet erklärt. Seit dem Syrienkrieg kommt man hier nicht umhin, ab und an das

ferne Donnern einer Explosion zu hören – Damaskus ist nicht weit entfernt. Bei guter Sicherheitslager sollte man eine Reise in die Höhen jedoch nicht scheuen – es ist leer, es ist weit, der Himmel ist hoch, die Wiesen sind grün. Am besten beginnen Sie Ihren Ausflug im *Naturreservat Gamla (tgl. April–Sept. 8–17, Okt.–März 8–16 Uhr | Eintritt 25 NIS)*. Hier können Sie Wanderungen unternehmen, verfallene Synagogen entdecken und in Israels größtem Wasserfall, dem *Gamla Waterfall*, baden. Ähnlich geht es im *Yehudia Park (tgl. April–Sept. 8–17, Okt.–März 8–16 Uhr | Eintritt 26 NIS)* zu. Der Weg beginnt hier im Wasser, zuerst knöcheltief, dann müssen Sie schwimmen, bis Sie zum Wasserfall gelangen.

LOW BUDG€T

Im Kibbuz *Ayelat Hashahar* nördlich des See Genezareth bei Rosh Pina können junge Menschen mind. eine Woche 6 Std. landwirtschaftliche Arbeit pro Tag leisten und so den Kibbuz kennenlernen. Für die Volunteers ist der Besuch der archäologischen Stätte Hazor kostenlos. *Rechtzeitige Anmeldung erforderlich | www.ayelet.org.il oder über National Council of Volunteering: www.ivolunteer.org.il*

Direkt neben der Quelle *Mary's Well* 30 m nördlich der Verkündigungskirche in Nazareth eröffneten Elias und Martina Shama ihr Souvenirgeschäft *Cactus,* unter dem sich ein antikes Badehaus befindet. Im Shop gibt es preisgünstige Devotionalien und die Sehenswürdigkeit des römischen Badehauses umsonst dazu *(www.nazarethbathhouse.com)*.

Neben dem Kibbuz En Zivan gilt in der Winzerei INSIDER TIPP **Pelter** *(Tel. 05 42 48 66 63 | tgl. 10–16 Uhr | www.pelter.co.il)* der inoffizielle Slogan „Make cheese not war". Winzer und Hirte Einbar Koren Pelter und seine Familie stellen Ziegenkäse, Rotwein und Laban her, eine typisch arabische Käseköstlichkeit, die mit Oliven und Früchten gereicht und in Öl eingelegt wird. Fern von aller Kriegsatmosphäre, die die meisten Menschen sonst mit den Golan-Höhen in Verbindung bringen, erleben Sie hier ein Stückchen heile Welt.

SAFED (131 D2) *(E3)*

Für jeden spirituell Interessierten ist Safed einfach eine Reise wert. *Zefat,* die Stadt der Kabbalisten mit vielen alten Synagogen ist eine der vier heiligen Städte Israels. Der Ort liegt 25 km nördlich von Tiberias und 900 m hoch auf einem Berg, auf dem die Ruinen einer Festung stehen, die zuerst von den Römern und zuletzt von den Türken ausgebaut wurde. Einige Häuser stammen noch aus dem 16. Jh. In diese Zeit fallen auch die mystischen Thora-Interpretationen *(Kabbalah)* ortsansässiger Rabbiner, die Safed zu einem neuen religiösen Zentrum machten.

Heute hat die Stadt 35 000 Ew. In ihren engen Gassen spürt man eine prickelnde Mischung aus religiöser Atmosphäre (kein Wunder bei mehr als zehn Synagogen und vielen jüdischen Privatschulen) und leichter irdischer Lebensweise. Denn es gibt Fußgängerzonen mit Straßencafés, Galerien und Boutiquen.

Studieren Sie vor der Ankunft einmal die Grundzüge des mystischen Judentums, das Wissen wird Ihren Aufenthalt in Safed auf jeden Fall bereichern. Und vergessen Sie nicht, auf das ein oder andere frei zugängliche Dach zu klettern – bei einem solchen Ausblick kann man ja nur spirituell werden.

SEE GENEZARETH ★

(131 D3) *(🕮 E–F 3–4)*

Das „Galiläische Meer", der *Kinneret*, der See Genezareth – viele Namen beschreiben den größten Süßwassersee des Landes, der tiefblau, meist still und umgeben von Kibbuzim und Palmenplantagen ist. Von hier werden mithilfe einer gigantischen Pipeline viele Städte des Landes und sogar die Wüste Negev mit Wasser versorgt. Der See Genezareth misst ca. 10 km von Ost nach West und ca. 20 km von Nord nach Süd, ist bis zu 50 m tief und wird vom Jordan durchflossen; er liegt 200 m unter dem Meeresspiegel. Seinen hebräischen Namen *Yam Kinnereth* (Kinner = Harfe) gab ihm der Herr selbst: Er soll den Klang seiner Wellen mit dem Schlagen einer Harfe verglichen haben.

Das Seeufer ist, wenn nicht durch Gebäude oder Kibbuzim verbaut, an den meisten Stellen sehr steinig. Die östlichen Uferabschnitte sind einsamer. Hinter ihnen erheben sich die Golan-Höhen, früher syrisches Territorium, heute israelisches Zentrum des Weinanbaus. Schöne kleine Sandstrände finden Sie im Nordosten. Im Feriendorf *Ma'agan*, das zum gleichnamigen Kibbuz am Südufer gehört, kann man am hauseigenen Strand Windsurfbretter ausleihen *(Ma'agan Holiday Village | an der Südspitze des Sees Genezareth | www.maagan.co.il/en | 1 Std. 30 NIS)*.

Jesus-Boot? Der See Genezareth lässt sich auch bei einer Kajaktour erobern

TABGHA (131 D3) *(🕮 E3)*

Eines der berühmtesten Wunder der Bibel geschah am Nordufer des Sees Genezareth: Bevor er auf dem nahe gelegenen Berg der Seligpreisung die Bergpredigt hielt, speiste Jesus mit nur einer Tagesration, die einer der ihm folgenden Fischer bei sich hatte, 5000 Menschen. An dieses Wunder erinnert die *Brotvermehrungskirche (Mo–Fr 8–17, Sa 8–15, So 11–17 Uhr)*. Sie steht auf den Fundamenten der ursprünglichen Kirche aus dem 5. Jh. und ist mit einem schönen Mosaikfußboden ausgestattet, den Sie sich nicht entgehen lassen sollten. Vom Parkplatz neben dem Kirchengelände führt ein Weg durch eine tolle Gartenanlage zum See. Diese Stelle wird besonders gern von Pilgergruppen aufgesucht, um hier zu beten. Tabgha liegt etwa 12 km nördlich von Tiberias.

JERUSALEM

> **WOHIN ZUERST?**
> Erstmal ans **Jaffator (U C4)** *(c4)* oder **Damaskustor (U D3)** *(d3)*. Von hier erreichen Sie zu Fuß alle Sehenswürdigkeiten der Altstadt oder nehmen die Straßenbahn zu den neuen Vierteln. Taxis oder öffentliche Busse fahren vom Jaffator nach Westjerusalem *(nicht am Shabbat)*. Sammeltaxen *(Sherut)* aus Tel Aviv haben ihre Endhaltestelle am Damaskustor. Lassen Sie das Auto stehen! Straßenschilder sind ausschließlich auf Hebräisch und es gibt nur wenige, teure Parkplätze, z. B. unter der *Mamilla Mall (30 Min. 4 NIS)*.

KARTE IM HINTEREN UMSCHLAG

Schon mal vom Jerusalem-Syndrom gehört? Im zentralen Krankenhaus Jerusalems gibt es dafür sogar eine eigene Abteilung mit 30 bis 50 Patienten pro Jahr. Denn wer zu lange durch die Gassen der heiligen Stadt wandert, dem kann die Religiösität schon mal zu Kopf steigen: Beim Jerusalem-Syndrom wird manch ein Pilger von Engelschören, Dämonen oder direkt dem Heiland selbst besucht. Viel Glück also in Jerusalem (Yerushalayim) (133 D2) *(E6–7)*, **behalten Sie einen klaren Kopf.**

Im Mittelalter brauchten Pilger über eine Woche, um von der Küste „hinauf nach Jerusalem" (ca. 880 000 Ew.) zu gelangen. Heute dauert die Fahrt von Tel Aviv noch 40 Minuten. Durch die judäischen

Bild: Jerusalem, Blick auf den Felsendom

Yerushalayim – „Ort des Friedens“, El Kuds – „die Heilige“: zwei Namen für eine Stadt. Behalten Sie den Überblick!

Berge geht es rund 800 m in die Höhe (hier können schon mal die Ohren knacken!) und 70 km ins Landesinnere. Jerusalem ist deshalb idealer Ausgangspunkt für Unternehmungen im ganzen Land.

Nirgendwo begegnen sich die drei monotheistischen Weltreligionen so nah wie in Jerusalem. Für die Juden baute König Salomon hier den Großen Tempel, für die Christen ist die Stadt aufs Engste mit dem Leben Jesu verbunden, für Muslime gehören Felsendom und Al-Aqsa-Moschee zu ihren heiligsten Stätten. Diese Orte religiöser Verehrung, an denen sich jedes Jahr Hunderttausende von Pilgern aus aller Welt einfinden, liegen dicht beieinander in der Altstadt.

In der ummauerten Altstadt bewegt man sich – heute genauso wie zu Zeiten der Bibel, treppauf treppab – zu Fuß. Durch eines der sieben mächtigen Stadttore gelangen Sie in ein Gassengewirr, in dem Sie sich anfangs nur schwer zurechtfinden werden. Dank kleiner Straßenschilder erreicht man aber auch ohne Stadtplan die Sehenswürdigkeiten. Lassen Sie sich Zeit! Streifen Sie durch die Bazare, nehmen Sie einen Kaffee mit Kardamom oder einen schwarzen Tee mit Pfefferminze in einem arabischen oder armenischen Café und lassen Sie den Trubel auf sich wirken. Denn in der heiligsten Stadt der Welt ist immer etwas los. Ob Bar-Mitzwa-Feier mit schriller Klarinette, Pilgergruppen mit gemieteten Holzkreuzen oder keuchende Muslime, die schon wieder zu spät zum Gebet kommen – hier herrscht Reizüberflutung. Kein Wunder, dass dieser Ort auch immer wieder umkämpft wurde und umzankt ist: 36 Mal wurde die Stadt von Kriegen heimgesucht, mehr als ein Dutzend Mal zerstört, und bis heute erheben Israelis und Palästinenser gleichermaßen Anspruch auf jenen Teil Jerusalems, der vor 1967 noch nicht zu Israel gehörte.

Nach dem Ende des Sechs-Tage-Kriegs besetzte Israel 1967 den Ostteil Jerusalems einschließlich der Altstadt und machte ganz Jerusalem zur Hauptstadt seines Staates. Die Vereinten Nationen erkannten diesen Schritt nie an. Deshalb befinden sich die Botschaften nahezu aller Staaten der Welt in Tel Aviv, fast aller: 2017 hat US-Präsident Donald Trump Jerusalem als offizielle Hauptstadt Israels anerkannt, 2018 ist die US-Botschaft dorthin gezogen. Die Palästinenser Jerusalems boykottieren seit 1967 die Parlamentswahlen der „Besatzungsmacht Israel".

Am Jaffator kommen Sie einfach nicht vorbei, wenn Sie in die Altstadt wollen

Am 30. Juli 1980 bekräftigte die Knesset die Annexion: „Das vereinte Jerusalem ist in seiner Gesamtheit Hauptstadt Israels." Jerusalem, die geteilte und endlich wiedervereinte Stadt? Solche Begriffe vermitteln einen falschen Eindruck, weil man sofort an ehemals geteilte Städte wie Berlin denkt. Eine solche Teilung bestand aber in Jerusalem nie. Die Trennungslinie verlief nach dem Waffenstillstand von 1949 nicht durch eine gewachsene Stadt mit homogener Bevölkerung, sondern zwischen der im Westen gelegenen, von Israel ausgebauten Neustadt mit fast ausschließlich jüdischen Bewohnern und dem im Osten liegenden Teil einschließlich der Altstadt, dem historischen Jerusalem, das mit Ausnahme des kleinen Jüdischen Viertels in der Altstadt zu dieser Zeit fast ausschließlich von Arabern bewohnt war.

Bislang sieht es nicht so aus, als würde in Jerusalem bald Ruhe einkehren. Auch in den letzten Jahren ging es immer wieder hoch her: Jüdische Eiferer wünschen sich ein Fahrverbot am Shabbat oder zelebrieren jüdische Gebetsfeiern neben der Al-Aqsa-Moschee, Palästinenser reagieren mit Protesten und Gewalt. Deswegen werden Sie auch an keinem anderen Ort in Israel so viele bewaffnete Soldaten sehen wie in der Altstadt Jerusalems. Leider tat auch die Politik bislang wenig, um die Wogen zu glätten.

Bürgermeister Ehud Olmert (1994–2003, danach bis 2009 Ministerpräsident) und Uri Lupolianski (2003–08), beide von der konservativen Partei Likud, hielten von friedlicher Koexistenz wenig und förderten durch jüdische Neubebauung im arabischen Ostteil die Idee von der „ungeteilten Hauptstadt" Israels. Selbstmordattentate und der Bau einer Mauer auf palästinensischem Territorium begleiten seitdem die „Israelisierung" Ostjerusalems. Seit 2009 ist der säkulare, rechtsnationale Nir Barkat Bürgermeister von Jerusalem. Er ließ zu, dass 2010 eine jüdische Gebetsschule den 3. Stock und das Dach eines palästinensischen Hauses gegenüber der 5. Station der Via Dolorosa besetzte und dort seitdem ein halbes Dutzend überdimensional große israelische Fahnen mitten im arabischen Viertel hinaushängen.

Seit 1967 hat Israel die Stadtgrenzen einseitig erweitert und das Stadtgebiet von Jerusalem in Richtung Osten ausgedehnt. Ein Ring jüdischer Wohnsiedlungen umgibt die Stadt, im besetzten Ostjerusalem leben heute schon fast so viele jüdische Israelis wie Palästinenser. Seit 2004 baut Israel jenseits des Ölbergs auf besetztem Gebiet eine bis zu 8 m hohe Betonmauer mit Wachtürmen mitten durch palästinensische Dörfer und trennt damit das palästinensische Ostjerusalem vollstän-

MARCO POLO HIGHLIGHTS

★ **Al-Aqsa-Moschee und Felsendom**
Zwei der größten Heiligtümer des Islams → S. 68

★ **Grabeskirche**
Hier endete der Leidensweg Christi → S. 70

★ **Jüdisches Viertel**
Nach der Eroberung der Altstadt 1967 glanzvoll wieder aufgebaut → S. 73

★ **Klagemauer**
Das nationale und religiöse Symbol → S. 73

★ **Ölberg**
Die Aussicht auf die Altstadt von hier oben ist nicht zu übertreffen → S. 74

★ **Yad Vashem**
Gedenkstätte für die Opfer des Holocaust → S. 77

★ **American Colony**
Übernachten im einstigen Pascha-Palais; schwelgen in orientalischem Luxus → S. 79

★ **Jericho**
Wo einst die Trompeten erschallten ... → S. 83

dig von der Westbank ab. Die Vereinten Nationen protestieren heftig, sind aber machtlos gegen den Mauerbau, den die Israelis „Anti Terror Fence" (Antiterrorzaun) nennen. Palästinensische Künstler haben die Mauer entlang der Ostjerusalemer Seite inzwischen teilweise mit politischen Graffiti besprüht.

Eine durch und durch verfahrene Situation, bei der wohl keine der beiden Seiten im völligen Recht oder Unrecht ist. Was tun? Jerusalem muss *eine* Stadt bleiben, aber weil zwei Völker in ihr leben, kann sie doch „Hauptstadt" zweier Staaten – Israels *und* Palästinas – werden mit jeweils eigenen Kommunalverwaltungen unter dem Dach eines Gesamtkommunalrats. Der israelische Schriftsteller und ehemalige Knesset-Abgeordnete Uri Avnery wirbt ebenso wie der palästinensische Journalist Hanna Siniora seit Langem für diese Lösung, die die UN bereits 1947 mit einer „Internationalisierung" Jerusalems im Auge hatten.

„Wünschet Jerusalem Glück!", heißt es im 122. Psalm. „Es möge Frieden sein in deinen Mauern und Glück in deinen Palästen! Um meiner Freunde und Brüder willen will ich dir Frieden wünschen."

SEHENSWERTES

AL-AQSA-MOSCHEE UND FELSENDOM

★ (U D–E 3–4) *(🕮 d–e 3–4)*

Jeden Freitag strömen wie auf Knopfdrucken Scharen von Menschen im Laufschritt in Richtung Felsendom, einen Teppich lässig über der Schulter. Das Freitagsgebet steht an und jeder, der es vergessen hat, wird von den Muezzinen aus den umliegenden Minaretten lautstark daran erinnert. Der Felsendom mit seiner vergoldeten Kuppel und die Al-Aqsa-Moschee auf dem Tempelberg unterstehen beide der muslimischen Awqaf-Verwaltung, aber Israel kontrolliert den Zugang. Der Besuch des Tempelbergs ist eingeschränkt möglich, der des Felsendoms und der Al-Aqsa-Moschee ist nach Voranmeldung *(Tel. 03 6 22 62 50)* gestattet.

Kein anderes sakrales Gebäude symbolisiert machtvoller die Verbindungen zwischen Judentum, Christentum und Islam als der *Felsendom (Qubbet es-Sakhra)*. Auf dem Plateau, auf dem einst der jüdische Tempel stand, wölbt sich seine vergoldete Kuppel mit einem Durchmesser von 26 m über der Opferstätte Abrahams und dem Felsen, von dem aus der Prophet Mohammed auf seiner Stute Al-Burak in den Himmel ritt.

Neben dem Felsendom, im südlichen Teil des Tempelbergs, steht die *Al-Aqsa-Moschee* (714) und markiert den Endpunkt der in der 17. Sure des Korans beschriebenen wundersamen Reise Mohammeds von Mekka zur damals entferntesten *Moschee Al-Aqsa* (arabisch: die Entfernte) in Jerusalem.

Felsendom und Al-Aqsa-Moschee, nach Mekka und Medina drittheiligster Ort aller Muslime, stehen seit 1300 Jahren auf dem mächtigen Plateau, das die Israelis *Tempelberg (Berg Moriah)* nennen, weil dort der Erste und der Zweite Tempel standen. Der Tempelberg ist von Mauern – im Westen der Klagemauer – umbaut. Juden ist das Betreten des Tempelbergs nicht gestattet, sie könnten – so die Position des Oberrabbinats – versehentlich auf jene Stelle treten, die in biblischen Zeiten innerhalb des Tempels nur der Hohepriester betreten durfte. Doch nicht alle jüdischen Israelis nehmen darauf Rücksicht: Um jüdische Ansprüche auf dem Tempelberg anzumelden, hielten einige von ihnen auf dem Platz zwischen den beiden Moscheen provokativ Gebetsfeiern ab und versuchten mehrmals, einen Grundstein für einen dritten Tempel zu legen. Der Zugang zum Tempelberg führt für Touristen über eine Brücke (neben der Klagemauer) und unterliegt sehr strengen Sicherheitskontrollen. *Mo–Do Winter 7.30–10.30 u. 12.30-13.30, Sommer 8.30–11.30/13.30–14.30 Uhr | Eintritt frei, Eintritt mit sakralen jüdischen Objekten (z. B. Talmud, Kippa) nicht gestattet*

INSIDER TIPP ARMENISCHES VIERTEL

(U C4–5) (*🕮 c4–5*)

Es ist wohltuend hier. Das ruhige Viertel in der Altstadt Jerusalems ist durchmischt mit Wohnhäusern, Kirchen, Bibliotheken und Klöstern – keine Geschäfte, keine Cafés, keine Restaurants. Das tut mal ganz gut. Hier leben heute noch ca. 3000 armenische Christen und ihr Patriarch, ihr religiöses Oberhaupt in Israel. Zentraler Bezugspunkt des Viertels ist die *St. Jakobskirche (St. James Cathedral)*. Sie wurde im 12. Jh. errichtet und trägt den Namen des Jüngers Jesu *(tgl. 15–15.30, Mo–Fr 6.30–7.30, Sa 6.30–9.30 Uhr)*. Besuchenswert ist auch das *Museum für armenische Geschichte (Mo–Sa 10–16.30 Uhr | Eintritt frei)*.

Al-Aqsa-Moschee: Hier finden 5000 Gläubige gleichzeitig Platz, um gen Osten zu beten

BERG ZION (U C5) *(📖 c5)*
In der Nähe des Zionstors, südwestlich außerhalb der Stadtmauern, liegt auf einer Anhöhe das Grab Davids *(King David's Tomb | So–Do 8–17, Fr 8–13 Uhr).* In den gegenüberliegenden Räumlichkeiten feierte Jesus mit seinen Jüngern das Abendmahl *(Cenaculum, Room of the Last Supper | So–Do 8–17 Uhr)*. In der benachbarten *Dormitio-Kirche (Dormition Abbey | Mo–Fr 8.30–12 u. 13–17.30 Uhr)* verehren Katholiken den Ort, an dem Maria starb und gen Himmel fuhr. Die Kirche wurde von deutschen Benediktinern zwischen 1903 und 1910 erbaut. Am Osthang des Bergs Zion wurde Jesus nach biblischer Überlieferung von seinem Jünger Petrus dreimal verleugnet „bevor der Hahn krähte". Dessen gedenken Gläubige in der Kapelle *St. Peter in Gallicantu (tgl. 8.30–17 Uhr)*.
Als Gedenkstätte für die jüdischen Opfer des Nationalsozialismus liegt heute neben dem Grab Davids *The Chamber of the Holocaust (So–Do 9–15.45, Fr 9–13.30 Uhr). Alle Besichtigungen auf dem Berg Zion sind kostenlos*

CHAGALL-FENSTER (0) *(📖 0)*
Bunt-blau sind sie und gleich zu zwölft: Für die Synagoge des Hadassah Medical Center weit draußen im Stadtteil En Kerem hat Marc Chagall zwölf Fenster gestaltet, die den ebenso vielen Stämmen Israels gewidmet sind. *So–Do 8–15.30 Uhr | Hadassah-Hospital | Eingang Kennedy Building | En Kerem | Eintritt 20 NIS*

DAVIDSZITADELLE (U C4) *(📖 c4)*
Wenn Sie Ihre Reise durch Jerusalem am Jaffator beginnen oder beenden, ist die Davidszitadelle (auch genannt „Palast des Herodes") definitv einen Stopp wert. Das Erklimmen des Turms hilft vor allem bei der Orientierung; von hier oben haben Sie einen perfekten Blick über die gesamte Altstadt, die Stadttore, die Viertel. Die Zitadelle *(Tower of David)* beherbergt das *Museum für die Geschichte Jerusalems. Mo–Do 10–16, Sa 10–14 Uhr | Tel. 02 6 26 53 33 | www.towerofdavid.org.il | Eintritt 40 NIS, Audioguide: 10 NIS, Sound-and Lightshow: 55 NIS*

ERLÖSERKIRCHE (U D4) *(📖 d4)*
„Das können wir uns nicht bieten lassen!", dachten die Protestanten beim Anblick der Grabeskirche und bauten direkt daneben 1898 ihre eigene Kirche. Die Erlöserkirche *(Church of the Redeemer)* ist heute das Zentrum der Jerusalemer Lutheraner. Das Ersteigen des 46 m hohen Turms (177 Stufen) lohnt sich der einmaligen Aussicht wegen. *Mo–Sa 10–17 Uhr | Aufstieg 10 NIS*

GRABESKIRCHE ★
(U C–D4) *(📖 c–d4)*
Die Grabeskirche gehört ganz klar auf Ihre To-do-List. Wo auf der Welt kann man sonst koptische Priester neben katholischen Bischöfen Weihrauch schwingen sehen, während sich aufgeregte Pilger in die kleine Kapelle drängen und ihre Wasserflasche oder Handtasche heiligen lassen?
An den Ort *(Church of the Holy Sepulchre)*, an dem sich nach christlichem Glauben das Schicksal Jesu erfüllt hat – sein Opfertod am Kreuz, seine Grablegung und schließlich die Auferstehung –, strömen seit 1700 Jahren Christen aus aller Welt. Eingeengt zwischen Bazar, Klöstern und Kapellen ist die Grabeskirche erst zu erkennen, wenn man im Vorhof vor der Kirche steht. Hier herrscht dann bereits Tohuwabohu. Alle wollen rein, niemand will raus. An Ostern wird es besonders brenzlig.
Über mehrere Stockwerke verteilt und teilweise sehr verschachtelt beherbergt die Kirche im Inneren 30 Kapellen, die

sich sechs christliche Konfessionen (Armenier, Äthiopier, Griechisch-Orthodoxe, römische Katholiken, Kopten und syrische Jakobiten) teilen. Über mehrere Jahrhunderte hinweg haben sich die Konfessionen gestritten. Wem gehört welcher Abschnitt, welche Säule, welcher Altar?

Um die Streitigkeiten zu beenden, übergab Sultan Saladin im 12. Jh. die Schlüsselgewalt über die Heilige Stätte einer den Seitenschiffen und auf der Empore. Nur das heilige Grab im Zentrum der Kirche gehört allen sechs gemeinsam, der überlieferte Ort des Grabs Jesu. Vom heiligen Grab führt ein schmaler Gang zur Grabkammer, die nur mit Kerzen erhellt wird. Vor ihr bilden sich meist lange Schlangen, weil sich nur maximal fünf Personen gleichzeitig in der engen Kammer aufhalten können. Haben Sie Geduld!

Wenn sechs christliche Konfessionen aufeinandertreffen, sind Sie in der Grabeskirche gelandet

muslimischen Familie in Jerusalem. Ihre Nachkommen haben bis heute die Aufgabe, jeden Morgen das Portal der Kirche zu öffnen und am Abend wieder zu verschließen. Nachts bleiben von jeder Konfession mehrere männliche Mitglieder in der Kirche.

Im Kampf um die Plätze in der Kirche erhielten die Armenier, Katholiken und Griechisch-Orthodoxen schließlich das Hauptschiff, die Kopten, Äthiopier und syrischen Jakobiten residieren jetzt in

Ein Rundgang durch die Kirche gleicht einer Wanderung durch ein Labyrinth überladener Religiösität. Damit Sie den Überblick nicht verlieren, schließen Sie sich einer Führung an oder besuchen Sie die Kirche erst am späten Nachmittag, wenn nur noch wenige Betende vor Ort sind. Täglich um 16 Uhr halten die Franziskaner in ihrer Kapelle eine Messe. Danach ziehen sie in einer Prozession mit Kerzen durch die Kirche. *Tgl. Sept.–Mai 5–19, Juni–Aug. 4–20 Uhr | Eintritt frei*

Die Klagemauer lädt zur Zwiesprache mit Gott ein

HAMIFFAL (U B4) *(b4)*
Mal etwas ganz anderes, etwas Zeitgenössisches: Im neuen Teil der Stadt leben Menschen, die durchaus mit dem religiösen Trubel wenig am Hut haben. In der Künstlerresidenz HaMiffal fühlen sich vor allem junge Kreative zu Hause. Hier gibt es Konzerte, ein Café, einen Garten und unzählige Studios, in denen gemalt, gesägt, getrommelt und gesungen wird. Informieren Sie sich auf der Website über das Programm oder schauen Sie einfach auf einen Tee vorbei. *So–Do 12–23, Fr 12–16, Sa 20–23 Uhr | Hamaaravim St. 3 | www.hamiffal.com*

INSIDER TIPP **HASMONÄER-TUNNEL**
(U D3–4) *(d3–4)*
Unterirdische Gänge entlang der Tempelbergmauer *(Western Wall Tunnel)* zwischen Klagemauer und Via Dolorosa. Archäologisch hochinteressante Ausgrabungen aus der Zeit des Zweiten Tempels. Und sehr nützlich, falls Ihnen mal zu heiß wird oder die Stadt Ihnen über den Kopf wächst. *Besuch nur in geführten Gruppen | Reservierung: Western Wall Heritage Foundation, Tel. 02 6 27 13 33 | www.thekotel.org*

HERODIAN QUARTER – THE WOHL MUSEUM AND BURNT HOUSE
(U D4) *(d4)*
Kult- und Haushaltsgegenstände aus der Zeit des Zweiten Tempels sind in einem 1970 ausgegrabenen und rekonstruierten Wohnhaus einer reichen Jerusalemer Familie in der Altstadt ausgestellt, das von den Römern 70 n. Chr. zerstört wurde. Audiovisuelle Präsentation. *So–Do 9–17, Fr 9–13 Uhr | Hakaraim St. | Jüdisches Viertel | www.rova-yehudi.org.il | Eintritt 15 NIS*

ISRAEL-MUSEUM ● (0) *(0)*
Das Israel-Museum ist das größte und bedeutendste Museum des Landes; es besteht aus mehreren Abteilungen. Dazu gehören das Bezalel-Kunstmuseum, das Bronfman-Archäologie- und Bibelmuseum und der Billy-Rose-Kunstgarten mit modernen Plastiken. Im *Shrine of the*

Book befinden sich die 1947 in Qumran gefundenen Schriftrollen mit dem ältesten Bibeltext aus dem Buch Jesaja. Hinzu kommen einmalige Exponate aus den Zeiten Jesu und des frühen Christentums sowie ein Open-Air-Modell Jerusalems (Maßstab 1:50) zur Zeit der Römer. Es wird aber auch zeitgenössische Kunst in Wechsel- und Sonderausstellungen gezeigt. *Mo, Mi, Do, So 10–17, Di 16–21, Fr 10–14, Sa 10–15 Uhr | Ruppin St. | Givat Ram, gegenüber der Knesset | www.imj.org.il | Eintritt 54 NIS*

JÜDISCHES VIERTEL ★ (U D4) *(🕮 d4)*

Schläfenlocken, Seidenmantel, Fellhut. Kippa, weiße Socken, Gebetsbänder. In diesem Viertel lernen Sie alles über jüdische Kleidervorschriften. Heute leben hier etwa 700 jüdische Familien und Yeshiva-Studenten meist in teuren Eigentumswohnungen. Ausländer und nicht-jüdische Israelis können nicht ins Viertel ziehen, denn der Käufer muss eine Familie haben, die Wohnung permanent bewohnen und unter die israelische Wehrpflicht fallen.

Trotz der strengen Shabbat-Ruhe unterscheidet sich das jüdische Viertel wesentlich von Mea Shearim. Hier gibt es gemütliche Teehäuser und Cafés, Läden, Geschäfte und an jeder Ecke architektonisch Interessantes zu entdecken. Außerdem hat kein Altstadtviertel Jerusalems so viele Museen wie das jüdische Viertel. Quer durch das Quartier verläuft der freigelegte und vorbildlich restaurierte *Cardo,* die Nord-Süd-Verbindungsstraße des römischen Jerusalems mit unterirdischen Abwasserkanälen. Im *Cardo Information Centre* steht ein Modell des Viertels in der Römerzeit. Ebenso lohnt sich der Besuch des *Herodian Quarter Museums*. Bei all der Reizüberflutung wird Ihnen beim ersten Besuch jedoch sicher auch reichen, ein bisschen herumzuschlendern.

KLAGEMAUER ★ ● (U D4) *(🕮 d4)*

Jeder Politiker lässt sich bei seinem Israelbesuch gerne in dieser Pose fotografieren: Kippa auf dem Hinterkopf, Hand an der Mauer, Kopf gesenkt, Israel Respekt zollend. Denn die Klagemauer *(Western Wall)* ist die heiligste Stätte der Juden. Hier kommen sie am Shabbat und den hohen Feiertagen zusammen; mindestens einmal im Leben will ein religiöser Jude hier einen Papierzettel zwischen die Kalksteine stecken. Die Klagemauer symbolisiert die jahrhundertealte Sehnsucht der Juden nach einer Rückkehr nach Jerusalem und letztendlich nach einem eigenen Staat. Die Klagemauer war einst die westliche Außenwand des Tempelbezirks, nicht des Tempels. Ihren Namen trägt sie seit der Zerstörung des Zweiten Tempels.

Beim Aufenthalt an der Mauer ist eine Kopfbedeckung erforderlich, weil der Vorplatz als Synagoge gilt. Seit 1970 beten auf Drängen des Oberrabbinats Frauen und Männer getrennt an der Mauer. Während es auf der „männlichen" Seite oft mit Klarinette, Gesang und Bar Mitzwa hoch hergeht, herrscht bei den Damen eher ruhige Andachtsstimmung. Der Klagemauerknigge geht so: Besucher dürfen dicht an die Mauer herantreten, sollten aber nicht rauchen, die Handys ausschalten, keine Gespräche führen, keine Kerzen abbrennen und am Shabbath nicht fotografieren. Gläubige Juden geraten durch heftige Bewegungen und mantra-ähnliche Gebete in die gewünschte Zwiesprache mit Gott. Die Bewegungen haben ihren Grund im Psalmvers: „Alle meine Glieder sprechen: O Herr, wer ist wie Du!" (Ps 35).

MACHANE YEHUDA BAZAR

(U A2) *(🕮 a2)*

Falls Sie auch mal einen Schritt aus der historischen Altstadt hinaus wagen

Am Ölberg gelegen: Kirche der Nationen und Maria-Magdalena-Kirche

möchten, ist der Machane-Yehuda-Markt die richtige Anlaufstelle. Nur drei Stationen von der Altstadt mit der Straßenbahn entfernt, tobt hier der Jerusalemer Alltag. Seien Sie mutig und werfen Sie hier und da einen Blick in eine Seitengasse – in diesem Viertel finden sich überall versteckte Parks und malerische Innenhöfe. *So–Do 8–19, Fr 8–15 Uhr | www.machne.co.il*

INSIDER TIPP MEA SHEARIM ●

(U B2) (📖 b2)

Machen Sie sich bereit, jetzt geht's in die Vergangenheit. Weg mit dem Handy, dem Fernseher, dem Internet! Hier regieren Schuster, Milchmann und schwarzes Brett! Das Stadtviertel der „Hundert Tore" erinnert an das osteuropäische Schtetl des 18. und 19. Jhs. Die Bewohner sind besonders gottesfürchtige Juden *(Haredim)*, deren Mehrzahl von religiöser Lehrtätigkeit und Spenden (bzw. von Sozialhilfe) lebt. In diesem 1874 erbauten Viertel zwischen Haneriim Street, Mea Shearim Street und Shmuel Salant Street verläuft das Leben in den festgefügten Bahnen des rechten Glaubens. Viele der Bewohner Mea Shearims betrachten den Staat Israel als Gotteslästerung, denn einen jüdischen Staat zu schaffen gebührt nach ihrer Ansicht nur dem Messias. Der Shabbat wird streng befolgt. Besucher können sich im Viertel frei bewegen. Allerdings weisen Tafeln auf das Tragen züchtiger Kleidung und das Einhalten der Shabbatgebote hin. Und das sollten Sie auch beherzigen – nicht nur einmal wurden freizügige Damen mit benutzen Windeln aus den Fenstern beworfen.

ÖLBERG ★ *(U F3–4) (📖 f3–4)*

Der ● *Garten Gethsemane*. Da denkt man an Jesus, seinen letzten Abend und an knorrige Olivenbäume, die dem Ölberg seinen Namen gaben. Der Garten ist ein Ort der Ruhe. Zwischen den beeindruckenden Olivenbäumen, deren hohes Alter man am Umfang ihrer Stämme erkennt, wurden schmale Kieswege angelegt. Niedrige Gitterzäune erinnern die Spaziergänger daran, die Wege nicht zu verlassen. Damit die Ruhe gewahrt bleibt, achten Wächter darauf, dass sich nur eine begrenzte Zahl von Besuchern im Garten aufhält.

Auf dem INSIDER TIPP Fußweg vom Stephanstor hinauf zum Ölberg passieren Sie mehrere Kirchen, deren Namen auf biblische Ereignisse hinweisen: die *Kirche der Nationen* (auch *Basilika der Todesangst* genannt), die *Klosterkirche Dominus Flevit* (hier beweinte Jesus das Schicksal Jerusalems), die russisch-orthodoxe *Maria-Magdalena-Kirche* mit ihren goldenen Zwiebeltürmen, die *Himmelfahrtskirche* (1910 von Wilhelm II. erbaut, nach Renovierungsarbeiten 1990 wieder geweiht) und die *Paternosterkirche* (hier soll Jesus die Apostel das Vaterunser gelehrt haben). Auf dem Gipfel des Ölbergs steht das in die Jahre gekommene große *Hotel Seven Arches*. Hier haben Sie den schönsten Blick auf die Altstadt. Besonders am Morgen erstrahlt die goldene Kuppel des Felsendoms für das beliebte Postkartenfoto.

Weil der Messias nach seiner Ankunft von hier mit all den auferstandenen Toten in die ummauerte Altstadt einziehen und das Jüngste Gericht halten wird, lassen sich viele fromme Juden am Westhang des Ölbergs begraben. Auf diesem ältesten Friedhof Jerusalems werden schon seit biblischen Zeiten Tote beerdigt. Der Kalkstein machte es leicht, Gräber auszuheben. Und so erstreckt sich vom Tal hinauf ein Steinmeer aus Gräbern: mal höhere Sarkophage, mal flache Grabplatten. Wer ein bestimmtes Grab sucht, muss sich auskennen, denn es gibt keine Wege, oft sind die Inschriften ausgeblichen, viele Grabplatten zerbrochen. Normalsterbliche haben keine Chancen auf einen Platz auf diesem Friedhof, nur Persönlichkeiten wie Israels Premier Menachim Begin finden hier ihre letzte Ruhe. In jüngster Zeit werden hier außerdem die Opfer von Terroranschlägen beerdigt.

Gegenüber dem Ölberg liegt das Goldene Tor, durch das der Messias mit den Auferstandenen einziehen soll. Um das zu verhindern, mauerten im 7. Jh. die Muslime das Tor zu und legten davor einen muslimischer Friedhof an *(der jüdische Friedhof ist von Sonnenaufgang bis -untergang geöffnet)*.

BRIEFKASTEN GOTTES

Wer an die Klagemauer nahe genug herantritt, entdeckt, dass in den Ritzen zwischen den mächtigen Quadern viele kleine Zettel *(Kvittelchen)* stecken. Sie enthalten Bitten und Wünsche direkt an den Herrn. Wer seine Post in diesen „Briefkasten" Gottes nicht persönlich einwerfen kann, weil er z. B. im Ausland lebt, schickt einen Brief, ein Fax oder eine E-Mail an das Jerusalemer Rabbinat – ein Rabbi übernimmt dann die Aufgabe des Postboten. Der Briefkasten Gottes muss natürlich von Zeit zu Zeit auch geleert werden. Deshalb lässt das Rabbinat ca. alle zwei Wochen des Nachts alle Kvittelchen aus den Ritzen nehmen und „beerdigt" sie anonym auf dem Ölberg.

RAMPARTS WALK

(U C3–4) *(c3–4)*

Wenn Sie die Stadt mal von oben sehen und bewandern möchten, legen Sie doch einfach einen Teil des Wegs auf der alten Stadtmauer mit Ramparts Walk zurück. An mehreren Stadttoren gibt es Aufgänge zur Mauerkrone. Vorbei an Zinnen und Schießscharten können Sie hier das Treiben in der Altstadt von oben beobachten. *So–Do 9–16, Fr 9–14 Uhr | Tel. 02 6 27 75 50 | www.touristisrael.com/ramparts-walk/7767 | Eintritt 16 NIS*

SCHUTZMAUER IN OSTJERUSALEM

(0) *(0)*

Um das 1967 besetzte und 1980 völkerrechtswidrig annektierte Ostjerusalem, das inzwischen weit über seine Stadtgrenzen hinaus ins Westjordanland hinein „gewachsen" ist, gegen islamistische Terroristen zu schützen, hat Israel einen „Antiterror-Schutzwall" in Ostjerusalem errichtet. Östlich des Ölbergs, im Dorf El Tur, gelangt man zu Fuß oder mit einem PKW direkt an die 8 m hohe, kilometerlange Betonmauer mit Stacheldraht und Wachtürmen. Wie die palästinensischen Familien, die von ihren Verwandten jenseits der Mauer getrennt leben müssen, diese gigantische, undurchlässige Betonabriegelung beurteilen, kann man an den Graffiti-Malereien entlang der Mauer sehen. Inzwischen ist „The Wall" an dieser Stelle – wie einst in Berlin – zu einer „Sehenswürdigkeit" geworden. *Vom Ölberg am Karmeliter Konvent vorbei die Dorfstraße hinunter bis zum Wendeplatz vor der Mauer*

Yad Vashem: In der Halle der Namen erinnern Gedenkblätter an die Opfer des Holocaust

VIA DOLOROSA

(U C–D 3–4) *(c–d 3–4)*

Wenn die Kreuze wieder einmal alle vermietet sind, weiß man: Es ist Ostern. Denn dann ziehen Tausende Gläubige, wie einst Jesus mit Holzkreuz und Dornenkrone, durch die Straßen Jerusalems und folgen dem Leidensweg Christi ent-

lang der 14 Stationen vom Gerichtshof (am Stephanstor) bis zum Kreuzigungsort Golgatha (Grabeskirche). Gesänge, Klagen und Gebete erfüllen das arabische und das christliche Viertel der Altstadt. Was sich am Karfreitag besonders spektakulär abspielt, kann man jeden Freitag in kleinerem Rahmen bei der Prozession der Franziskaner miterleben. Wer ein Holzkreuz tragen möchte, kann es am Eingang der Grabeskirche ausleihen; palästinensische Jugendliche bringen es zur ersten Station, dem „Ort der Verurteilung" in der heutigen El-Omariya-Schule. *Prozession Fr 15 Uhr (im Sommer 16 Uhr)*
Für Christen ist die Via Dolorosa die heiligste Straße auf Erden. Doch der Leidensweg Jesu ist weder historisch noch archäologisch abgesichert. Erst im 13. Jh. haben sich die christlichen Konfessionen nach zähen Verhandlungen verständigt, die heutige Streckenführung mit 14 Stationen festzulegen, obwohl nur acht von ihnen in der Bibel erwähnt werden. Auf dem Weg bleibt man vor jeder Station stehen, der Geistliche liest die jeweilige Stelle aus den Evangelium vor und die Gruppe stimmt ein Kirchenlied an.

YAD VASHEM ★ ● (O) (*🕮 O*)
Nationale israelische Gedenkstätte, die an die Ermordung von 6 Mio. europäischer Juden durch die Nationalsozialisten während des Zweiten Weltkriegs erinnert. Ein Museum dokumentiert die Verfolgung der Juden in Europa – von ihrer Entrechtung über ihre Gettoisierung bis hin zur industriell organisierten Ermordung. Im sogenannten Garten der Gerechten unter den Völkern wurden zu Ehren der Menschen, die zur Rettung von Juden beigetragen haben, eine Baumallee gepflanzt. *So–Mi 9–17, Do 9–20, Fr 9–14 Uhr, Sa und an jüdischen Feiertagen geschl. | Hazikkarm | St. Mount Herzl | www.yadvashem.org | Eintritt frei*

ESSEN & TRINKEN

INSIDER TIPP ABU SHUKRI
(U D3) (*🕮 d3*)
Das beste unter den arabischen Lokalen der Altstadt, sehr gute Küche (der beste Hummus der Stadt), freundlicher Service, schnelle Menüfolge. *Tgl. 8–17 Uhr | El Wad St. 63, gegenüber der 5. Station der Via Dolorosa | Tel. 02 6 27 15 38* | €

ARABESQUE (U C1) (*🕮 c1*)
Gartenrestaurant im Innenhof unter Bäumen oder elegantes Restaurant im Parterre gegenüber – es ist stets dieselbe hervorragende Schweizer Küche mit orientalischen Spuren. Danach sollten Sie auf einen Absacker die Cellar Bar (*tgl. 20–3 Uhr*) oder im Sommer die Gartenlounge aufsuchen. Sehr persönliche Atmosphäre, unbedingt reservieren. *Tgl. | America Colony Hotel | 1 Louis Vincent St. | Tel. 02 6 27 97 77 | www.americancolony.com* | €€€

KADOSH CAFÉ (U B3) (*🕮 B3*)
Ein bisschen Paris-Flair in Jerusalem. Im alteingesessenen Kadosh gibt es frische Backwaren, Café und viele rauchende Studenten, Expats und Intellektuelle. *So–Do 7–24 Uhr | Malka Shlomziyon St. 6 | Tel. 02 6 25 42 10* | €

KING'S GARDEN (U B4) (*🕮 b4*)
Edelrestaurant im King-David-Hotel mit Blick auf die Altstadt. Leichte Mahlzeiten aus den Küchen der im Land lebenden Volksgruppen. *Tgl. 10–23.15 Uhr | King David St. 23 | Tel. 02 6 20 87 96* | €€€

ROOF TOP ● (U B4) (*🕮 b4*)
Wein und Käse, kleine Gerichte und ein toller Blick über die Altstadt. Gesprächsinteressiertes Publikum, Dachterrasse des Notre Dame of Jerusalem-Center. *Tgl. 18–24 Uhr | Hatzanhanim St.* | €€

INSIDER TIPP **PICCOLINO** (U B3) (*🕮 b3*)
In einem schönen Haus aus Jerusalemer Kalkstein bieten die Schwestern Anat und Orit Bibi im Stadtteil Nachalat Shiva eine hervorragende Küche mit italienischem Akzent, vom Frühstück bis zum Abendessen. Dezente Livemusik. *So–Do 10–24, Fr 9–15, Sa 19–23 Uhr (Livemusik tgl. außer Fr 20–22 Uhr) | Yoel Moshe Solomon St. 12 | Tel. 02 6 24 41 86 | www.piccolino.co.il | €€*

EINKAUFEN

AHAVA (U B–C4) (*🕮 b–c4*)
Falls SIe es aus unerfindlichen Gründen bis zum Toten Meer nicht schaffen sollten, können Sie Salze und Schlammmasken auch im Ahava-Geschäft in der Mamilla-Passage erstehen. *Alrov Mamilla Ave. | So–Do 9.30–22, Fr 9.30–14.30, Sa 18–23 Uhr | www.ahava.co.il*

BAZAR (U C–D4) (*🕮 c–d4*)
Zwischen dem Damaskustor und dem Jaffator, insbesondere im christlichen und im moslemischen Viertel der Altstadt können Sie auf dem traditionsreichsten Souk des Nahen Ostens Souvenirs, römische Amphoren, Öllämpchen, aber auch so Weltliches wie T-Shirts erstehen. Mittlerweile hat der Bazar seine alte Atmosphäre wiedergewonnen, auch wenn ihn noch nicht so viele ausländische Besucher wie vor der Zweiten Intifada besuchen. *Tgl. 10 Uhr bis Sonnenuntergang, einzelne Geschäfte auch länger, andere Fr geschl.*

HUTZOT HAYOTZER (U C4) (*🕮 c4*)
Großes Künstlerzentrum mit vielen kleinen Läden, Studios und Galerien. geboten wird modernes israelisches Kunsthandwerk. *Unterhalb des Jaffators | So–Do 10–17, Fr 10–14 Uhr | www.jerusalem-art.org*

JERUSALEM MALL (O) (*🕮 O*)
Ohne Shopping geht's einfach nicht, schon klar. In Jerusalem gibt's gigantische Shoppingmalls. Die Jerusalem Mall ist dabei die größte und interessanteste. Israelis nennen sie „Kanyon Yerushalayim". Die lichtdurchflutete Galerie besitzt ca. 300 Läden und mehr als 30 Cafés sowie Restaurants, darunter auch Fast-Food-Ketten. Bei Ihrem Bummel hier finden Sie ein breites gehobenes Sortiment an Kleidung, Schmuck, Elektroartikeln (mit 16 Prozent Vat–Erstattung). *Neben dem Teddy-Kollek-Stadion | So–Do 9.30–22, Fr 9.30–15 Uhr*

MAMILLA (U B–C4) (*🕮 b–c4*)
Durch das restaurierte historische Mamilla-Quartier führt unterhalb des französischen St.-Vincent-de-Paul-Convients die als Fußgängerzone angelegte Einkaufsstraße *Alrov Mamilla Avenue.* Mit vielen Cafés.

AM ABEND

Auch in der heiligen Stadt gibt es irdische Unterhaltung – und es wird immer mehr! Die Wochenendausgaben der englischsprachigen Zeitungen „Jerusalem Post" und „Ha'aretz", die freitags erscheinen, und das monatlich veröffentlichte „Time out Israel"-Veranstaltungsmagazin geben Auskunft über aktuelle Veranstaltungen wie z. B. Vorträge, Filme sowie Kleinkunsttheater oder geistliche *Konzerte in der Erlöserkirche.* Die *Ben Yehuda Street* ist am Abend besonders belebt.

HAMAZKEKA (U B3) (*🕮 b3*)
Schauen Sie rein, wo sich die alternative Szene und die Studenten der Kunstuniversität Bezalel oder der Sam Spiegel Filmschool herumtreiben. Gute Konzertlocation. *Mo–Sa 21–4 Uhr | Shoshan St. 3 | Tel. 02 5 82 20 90 | www.mazkeka.com*

PERGAMOM CLUB (U B3) *(🕮 b3)*
Jerusalem kann feiern! Und zwar hier. Und zwar die ganze Nacht durch. Im Pergamom Club legen sowohl internationale als auch DJs aus Tel Aviv auf. *Mo–Sa 22–6 Uhr | Yohanan Horkanos St. 1 | Tel. 05 44 84 05 11*

Treiben lassen im geschäftig-bunten Souk-Trubel. Und: Handeln nicht vergessen!

THREE ARCHES (U B4) *(🕮 b4)*
Wenn Sie getanzte und gesungene Folklore, Konzerte, Theatergastspiele und Lesungen (auf Englisch) auf hohem Niveau genießen möchte, schauen Sie sich die regelmäßigen Darbietungen im historischen *YMCA-Gebäude* (s. S. 81) an. *Programm u. Termine unter www.jerusalemymca.org oder in den Tageszeitungen | King David St. 26 | Eintritt in der Regel frei*

ÜBERNACHTEN

Übersicht über das Jerusalemer Hotelangebot gibt Ihnen die Jerusalem Hotel Association *(www.jerusalem-hotels.org.il)*.

ABRAHAM HOSTEL (U A5) *(🕮 a5)*
Die große Schwester der Niederlassung in Tel Aviv. Super Stimmung und Inneneinrichtung, Tourangebote. Neben dem Machane-Yehuda-Markt. *250 Betten | 67 Hanevi'im St./Davidka Square | Tel. 02 6 50 22 00 | www.abrahamhostels.com | €*

AMERICAN COLONY ★ ●
(U C1) *(🕮 c1)*
Es ist das schönste Hotel Israels in dem ehemaligen Stadtpalais eines Paschas mit einem einladenden Innenhof, einem schönen Garten, mit großen Zimmern und bestem Service – so stellt man es sich in 1001 Nacht vor. Orientalischer Luxus, gepaart mit höchster Effizienz, in familiärem Rahmen. Pool mit türkis-

blauem Bisazza-Mosaik, Fitnesscenter, Wellnessanlage mit vielen Angeboten. Ein „Leading Hotel of the World" unter Schweizer Management; internationales Publikum; beliebt bei westlichen Journalisten. *98 Zi. | Louis Vincent St. 1 | Tel. 02 6 27 97 77 | www.americancolony.com |* €€€

Versuchen Sie es! *23 Zi. | Jaffa Gate | St. Mark's Rd. | Tel. 02 6 26 68 88 | www.luth-guesthouse-jerusalem.com |* €€

INSIDER TIPP NOTRE DAME OF JERUSALEM CENTER (U C3) (*🕮 c3*)
Der Vatikan hat keine schlechten Immobilien: Prachtbau aus dem 19 Jh., am

Hotel American Colony: Wenn Sie mal wie ein Pascha wohnen wollen

Rande der Altstadt. Einst Herberge für Pilgergruppen, heute auch für weltliche Hotelgäste offen. Zimmer zweckdienlich eingerichtet; aufwendig renoviert. *140 Zi. | Hatzanhanim St. 3 | Tel. 02 6 27 91 11 | www.notredamecenter.org |* €€

KING DAVID HOTEL (U B4) (*🕮 b4*)
Das traditionsreichste Hotel der Stadt, das fast allen großen Staatsmännern als Bleibe diente. Hier mangelt es dem Gast an nichts. Das renommierteste unter den „Leading Hotels of the World" in Israel. *257 Zi. | King David St. 23 | Tel. 02 6 20 88 88 | www.danhotels.com |* €€€

LUTHERAN GUESTHOUSE
(U C4) (*🕮 c4*)
Das Gästehaus mit Jugendherberge der evangelischen Kirche mitten in der Altstadt ist nur zu Fuß erreichbar. Ein Haus weiter kann man aufs Dach klettern und den Felsendom bei Nacht erblicken.

INSIDER TIPP ÖSTERREICHISCHES HOSPIZ (U D3) (*🕮 d3*)
Einfach die perfekte Oase mitten in der hektischen Altstadt. Zum Vorbeischauen, um Wiener Schnitzel zu essen oder auch um zu übernachten. *18 Zi. u. mehrere Schlafsäle | Via Dolorosa 37, gegenüber Station 3 | Tel. 02 6 26 58 00 | www.austrianhospice.com |* €€

YMCA – THREE ARCHES (U B4) *(b4)*
Zu dem christlich geführten Begegnungszentrum mit Schwimmbad, Bibliothek und Vorlesungsräumen gehören heute auch ein Restaurant und ein Hotel mit vielen Annehmlichkeiten. Es ist ein Haus der Geschichte: 1933 wohnte hier General Allenby. Teil des Gebäudes ist der *YMCA-Tower*, von dem man einen herrlichen Blick über Jerusalem hat *(Turmbesuch per Fahrstuhl auch für Nicht-Hotelgäste tgl. 8–20 Uhr | 5 NIS). 66 Zi. | King David St. 26 | Tel. 02 5 69 26 92 | www.ymca3arches.com |* €€€

AUSKUNFT

CHRISTIAN INFORMATION CENTRE
(U C4) *(c4)*
Informationen über alle christlichen Institutionen, über Pilgerstätten und christliche Gästehäuser. *Mo–Fr 8.30–17.30, Sa 8.30–12.30 Uhr | Jaffa Gate | Tel. 02 6 27 26 92 | www.cicts.org*

TOURIST INFORMATION CENTER
(U C4) *(c4)*
So–Do 8–17, Fr 9–13 Uhr | Jaffa Gate | Tel. 02 6 28 03 82 | www.jerusalem.muni.il. Informatives Material einschließlich Stadtplänen. Unter „Getting around" erhält man auf der Website eine Liste aller vom Tourismusministerium akkreditierter Tourguides.

INSIDER TIPP **UNITED NATIONS**
(U C1) *(c1)*
Falls Sie sich der Herausforderung stellen und Überblick erlangen möchten: Das „Office for the Coordination of Humanitarian Affairs – occupied Palestinian territory (OCHA-oPt)" bietet Karten der besetzten palästinensischen Gebiete mit dem Verlauf der Mauer und ihren Checkpoints. *St. George 7 | Tel. 02 5 82 99 62 | www.ochaopt.org*

ZIELE IN DER UMGEBUNG

Die Westbank ist das Kernland der Palästinenser. Für diese palästinensischen Gebiete benutzt Israel in offiziellen Verlautbarungen und in Landkarten bewusst die alten biblischen Namen: *Samaria* für die nördlich und *Judäa* für die südlich von Jerusalem liegenden Gebiete.
Die nachstehenden Orte liegen alle in der sogenannten Westbank (deutsch: Westjordanland), dem Gebiet westlich des Jordans, das zwischen dem Ende der britischen Mandatszeit und dem Sechs-Tage-Krieg von 1967 jordanisches Gebiet

LOW BUDG€T

Eine kostenlose Führung mit pro-israelischer Färbung durch die Jerusalemer Altstadt organisieren Volunteers von *Sandeman's New Europe Tours.* Auf dem knapp vierstündigen Rundgang wird keine der bedeutenden Sehenswürdigkeiten der Altstadt ausgelassen. *Treffpunkt: tgl. 11 Uhr | Jaffa Gate | Trinkgeld wird gern gesehen | www.neweuropetours.eu*

Das israelische Parlament, die *Knesset*, ist Ort heftiger Diskussionen über die Zukunft des Landes. Der flache Zweckbau im Westteil der Stadt wurde von Josef Klarwein geplant und 1960–66 erbaut; bezahlt hat ihn die Familie Rothschild. Besuch der Debatten auf Besuchergalerie *(Mo, Di ab 16, Mi ab 11 Uhr)* und Führungen in verschiedenen Sprachen *(So, Do 8.30–14, deutsch 8.30 Uhr)* sind kostenlos. Reisepass vorlegen. *Tel. 02 6 75 33 37 | www.knesset.gov.il*

war und das die Arabische Liga 1974 auf der Konferenz von Rabat den Palästinensern für einen eigenen Staat überlassen hat. Seit 1967 hat Israel alle Grenzen zur besetzten Westbank aufgehoben und die Grenze zu Jordanien nach Osten an den Jordan verlegt. Seitdem hat sich das Westjordanland in einen Flickenteppich aus verschiedenen Verwaltungszonen entwickelt.

Als Ausländer dürfen Sie sich frei bewegen, Israelis haben nur begrenzt Zugang. Da gibt es die A-Zonen, die völlig von den Palästinensern selbst verwaltet werden. Große Städte wie Ramallah oder Hebron sind solche A-Zonen. In B- und C-Zonen finden Sie jedoch viele israelische Soldaten. Im C-Bereich liegen die Siedlungen, in B-Bereichen teilen sich Israelis und PLO die Kontrolle. Straßenblockaden, Checkpoints und spontane Kontrollen entwickeln derweil eine sogenannte „fließende Grenzführung", bei der niemand die Übersicht behalten kann – Grenzen bewegen sich, verändern sich. Die 1949 völkerrechtlich anerkannte Grenze Israels wird heute „grüne Grenze" genannt. Entlang dieser Grenze, aber auch weit hinein in die palästinensische Westbank errichtet Israel seit Längerem eine bis zu 8 m hohe Betonmauer mit Wachtürmen, die man nur an wenigen Checkpoints nach zeitraubenden Kontrollen passieren kann (s. S. 76).

BETHLEHEM (133 D2) (*🕮 E7*)

Wenn Sie die Möglichkeit haben, sollten Sie unbedingt an den Weihnachtsfeiertagen oder Ostern in das „Haus des Brots" (Bait Lechem) kommen – dann trinkt die arabische Christenheit mit Pilgern aus der ganzen Welt Glühwein, plant ein Krippenspiel nach dem anderen, prozessiert lautstark durch die Straßen und taucht dabei die ganze Stadt in Weihrauchnebel. Nur 11 km südlich von Jerusalem liegt jener Ort, in dem König David und Jesus Christus geboren wur-

PER LIGHT RAIL DURCH JERUSALEM

In Jerusalem haben sie geschafft, was sie in Tel Aviv seit über einem Jahrzehnt vergeblich versuchen: eine Straßenbahn zu bauen. Die Linie überquert die spektakuläre Chords Bridge, die der spanische Brückenbauarchitekt Santiago Calatrava ausschließlich für den Light Rail entworfen hat, und führt auf 14 km Länge 45 Minuten quer durch Jerusalem vom Mount Herzl im Westen, entlang der Jaffa Street, vorbei an der im annektierten Ostjerusalem liegenden Altstadt bis hoch in den Norden in die jüdische Siedlung Pisgat Zeev. Diese Siedlung liegt bereits im besetzten Westjordanland. Deshalb gibt es seit Längerem Ärger, da die Arabische Liga Israel unterstellt, mit der Bahn seine Ansprüche auf ganz Jerusalem eigenmächtig durchzusetzen. Saudi-Arabien entzog deshalb dem französischen Bahnhersteller ein Milliardenprojekt zwischen Mekka und Medina. Straßenbahnfahren ist friedlich, die Jerusalemer Stadtverwaltung beugt vor: Damit es nicht zu Auseinandersetzungen zwischen jüdisch-orthodoxen und arabischen Fahrgästen in der Straßenbahn kommt, fährt immer Security-Personal mit. *So–Do 5.30–24, Fr bis 16, Sa ab 19.30 Uhr | www.citypass.co.il | Fahrpreis 4 NIS*

den; er wird überwiegend von palästinensischen Christen bewohnt und von Palästinensern verwaltet.
Das touristische Zentrum der Stadt ist die *Geburtskirche* am Krippenplatz *(Manger Square)*, die von Kaiser Konstantin erbaut wurde. Am Ortseingang der Stadt liegt *Rachels Grab;* sie war Jakobs Frau. Von wundergläubigen Christen wird die *Milchgrotten-Kirche* gern besucht. Sie steht an dem Ort, an dem Maria beim Stillen einen Tropfen Milch verloren haben soll, woraufhin die Felsen sich zu strahlendem Weiß verfärbten.
Für weniger Christentum und mehr Kontroverse machen Sie einen Abstecher in das Hotel INSIDER TIPP *Walled Off (9 Zi. | 182 Caritas St. | Tel. 9 70 22 77 13 22 | walledoffhotel.com | €€€)*, gegründet vom berühmten Street-Art-Künstler Banksy, das sich selbst als Hotel mit der schlechtesten Aussicht bezeichnet. Es liegt direkt neben der Grenzmauer Bethlehems, wirbt mit rotem Plüsch und Provokation und ist vollgestopft mit Werken des Künstlers selbst.

Weihrauchnebel zur Orthodoxen Weihnacht in Bethlehem

HEBRON (133 D3) *(🕮 D7)*

Hebron (Al-Halil), 35 km südlich von Jerusalem, ist eine der ältesten ununterbrochen bewohnten Städte der Welt und seit 2017 Unesco-Weltkulturerbe. Hebron wird von Juden und Moslems gleichermaßen verehrt, hier liegt das Grab Abrahams. Und doch gibt es gerade hier immer wieder Streit. Die 150 000 arabischen Einwohner der Stadt leben inmitten des von Israel besetzen Judäa-Gebirge, umgeben von jüdischen Siedlungen.
Oberhalb Hebrons entstand 1970 der jüdische Ort *Kiryat Arba,* in dem heute 1000 religiös fanatische Familien leben. 1994 erschoss Baruch Goldstein aus Kiryat Arba 35 betende Palästinenser in der Machpela-Moschee. Hebron sollten Sie nicht nach Einbruch der Dunkelheit auf eigene Faust erkunden, eine Tagestour lohnt sich jedoch allemal.

JERICHO ★ (133 E2) *(🕮 E6)*

Wer kennt sie nicht, die Geschichte jener biblischen Trompeten, deren Klang die Mauern von Jericho, 30 km nordöstlich von Jerusalem, etwa 1300 v. Chr. zum Einstürzen brachte. Heutzutage geht es hier im Vergleich zu vielen anderen Orten in der Westbank recht ruhig zu.
Jericho (20 000 Ew.) bleibt meist von Gewalt verschont und ist umgeben von

Bananen-, Dattel und Orangenfeldern. Es war, von 1994 bis 1999 die „Hauptstadt" des entstehenden Palästinenserstaats. Schattige Straßen und arabische Cafés machen Lust, hier Pause zu machen. 3 km nördlich der Stadt warten die Ruinen des *Hisham Palace* und des biblischen Jericho *(Tell es-Sultan | tgl. 8–17 Uhr | Eintritt 10 NIS)*. Ausgrabungen belegen, dass Jericho in seiner zehntausendjährigen Geschichte zwanzigmal zerstört und wieder aufgebaut wurde. Vom Tell es-Sultan fährt eine INSIDER TIPP Seilbahn *(Tellepheriqe)* hinauf zum Berg der Versuchung *(Mount of Temptation)*. In seinen Höhlen betete und fastete Jesus 40 Tage und Nächte. Das aus diesem Anlass gegründete Kloster klebt wie ein Schwalbennest an den Hängen des senkrecht abfallenden Bergs. Auf der Bergstation befindet sich eine Terrasse mit Restaurant; den herrlichern Blick über Jericho wollen Sie sicher nicht verpassen *(Fahrt tgl. 9–16 Uhr | 50 NIS)*.

INSIDER TIPP RAMALLAH

(133 D1) *(E6)*

So wie Tel Aviv Sehnsuchtsziel liberaler Palästinenser ist, so wollen alle neugierigen Israelis am liebsten einmal nach Ramallah (Ram Allah, 60 000 Ew.). Denn die Stadt und ihre kreative, weltoffene Szene boomt – nur 13 km von Jerusalem entfernt! Sie werden sich wundern, wie viele Bars, Restaurants und Clubs Sie in dieser muslimischen Stadt finden werden. Die Damen tragen Kopftuch oder offenes Haar, die Herren am liebsten Poloshirt und verwaschene Jeans. Ramallah ist daher derzeit für moderne Palästinenser der attraktivste Ort der Westbank. Doch man hört auch vor Ort, Ramallah sei in Wirklichkeit ein„5-Sterne-Gefängnis", weil alle Zugänge, alle Geld- und Warenströme, Wasser, Strom und alle Logistik von Israel abhängen. In Ramallah befinden sich auch die diplomatische Vertretung Deutschlands für die palästinensischen Autonomiegebiete (s. S. 120), ein Goethe-Institut *(Al Salam St. | Tel. 02 298 19 22)* und viele NGOs aus Europa, darunter auch Büros deutscher politischer Stiftungen. Diese sind nach vorheriger Anmeldung Ansprechpartner für Informationen über die Alltagssituation der Palästinenser in den A-Zonen. Den wirtschaftlichen Aufschwung verdankt die Stadt auch internationalen Geberländern. Als deutscher Tourist wird man daher mit einem Lächeln empfangen.

Beginnen Sie Ihren Bummel am besten am *Al-Manara-Platz* und schlendern Sie mit offenen Augen durch den riesigen *Souk*. Sie erreichen Ramallah mit dem Bus oder Auto. Achten Sie darauf, den Wagen in Ostjerusalem anzumieten, da sonst kein Versicherungsschutz im Westjordanland besteht. Ramallah unterliegt palästinensischer Selbstverwaltung und ist seit 1999 Verwaltungshauptstadt des zukünftigen Palästinenserstaats. Hier befindet sich auch der Amtssitz des palästinensischen Präsidenten. Auf dem Gelände des Amtssitzes, *Muccada* genannt, wurde Yassir Arafat im November 2004 beigesetzt.

Wer von Jerusalem anreist, muss im Süden Ramallahs den Checkpoint Qalandia mit aufwendigen Kontrollen passieren. Busreisende müssen die Grenze zu Fuß überqueren, Autoreisende lange Schlangen in Kauf nehmen. Eine Durchfahrt am Checkpoint kann jedoch Ihren Israel-Erfahrungsschatz bereichern. Hier erfahren Sie am eigenen Leib, wie sich Besetzung anfühlt – für beide Seiten.

INSIDER TIPP TAYBEH WINERY

(133 D1) *(E6)*

15 km nordöstlich von Jerusalem erwartet Sie Nadim Khoury, Gründer der ersten palästinenischen Brauerei und Winzerei

im Westjordanland. Die Brauerei liegt auf dem höchsten Hügel des Bergdorfs Taybeh, der letzten Hochburg der Christen im Westjordanland. Probieren Sie von der einheimischen Rebe Zeini, die die Khourys eigenhändig wiederbelebt haben und lassen Sie den Blick über die drei Weinberge und vier Kirchen schweifen. Im Oktober dürfen Sie auf keinen Fall das Oktoberfest verpassen! Inklusive Schuhplattler, Helles und Falafel. Kulturmix hoch drei. *Mo–Sa 9–15.30 Uhr | Führungen kostenlos, vorab telef. anmelden | Tel. 9702899440 | www.taybehwinery.com*

Oase der besonderen Art: Das St.-Georgs-Kloster speist Wasser aus dem grünen Wadi Qelt

WADI QELT UND ST.-GEORGS-KLOSTER
(133 D2) (*🕮 E6*)

Eine Mischung aus Grimms Märchen, Herr der Ringe und 1001 Nacht – die in den Felsen gebauten, sandsteinfarbenen Türme und Erker des St.-Georgs-Klosters zwischen den Palmen des Wadi Quelt scheinen wie aus der Zeit und Realität gefallen zu sein. Kein Wunder, dass es sich hier gut beten lässt. Auf halbem Weg von Jerusalem nach Jericho können Sie sich an der Hauptstraße (Parkplatz ist ausgeschildert) am Eingang zum Wadi Qelt absetzen lassen und auf einem gut ausgeschilderten Pfad durch eine wilde, zerklüftete Felsschlucht wandern.

Nach ca. drei Stunden erreichen Sie das im 5. Jh. gegründete INSIDER TIPP *St.-Georgs-Kloster* (*So–Fr 6–17 (im Winter 8–15), Sa 6–12, Do um 5 Uhr Morgenandacht*), das heute von griechisch-orthodoxen Mönchen unterhalten wird. Das Kloster wurde 614 von persischen Truppen zerstört und in seiner heutigen Form im 19. Jh. wieder aufgebaut. Vom Kloster führt ein Weg nach Jericho.

DER SÜDEN

Der Süden Israels. Das bedeutet Negev-Wüste. Rote Felsen. Menschenleere Krater. Plötzliche Sandstürme. Einsame Steinböcke. Und vor allem: Staub Staub Staub.

„Hier lieg die Zukunft des Landes!", sagte schon Staatsgründer Ben Gurion, und in der Tat tun die Israelis alles, um die Wüste bewohnbar und fruchtbar zu machen. Es wird begrünt und bewässert, es gibt Ziegenfarmen und Winzereien und Beersheva, größte Stadt des Südens, mausert sich derzeit zum Hightech-Knotenpunkt des Landes.

Die Wüste ★ Negev (heb. „Süden"), eine von Gebirgen, Schluchten und Wadis durchzogene Sand- und Steinwüste (arab. An Naqb), nimmt flächenmäßig nahezu die Hälfte Israels ein. Schon vor mehr als 3000 Jahren siedelten Menschen in dieser Wüste, wie Ausgrabungen z. B. in der Nabatäerstadt *Avdat* belegen. Bis in die Neuzeit war der Negev Lebensraum nomadisierender Beduinen. Heute gibt es mehr als 50 ständig bewohnte Orte im Negev, die bedeutendsten sind Arad und Beersheva.

Leihen Sie sich ein Auto und legen Sie einfach los. Von Tel Aviv bis zum Toten Meer brauchen Sie nur zwei Stunden, bis zum südlichsten Zipfel des Landes, nach Eilat, sollten Sie sechs Stunden einplanen. Wandern Sie durch die großen Krater, schnorcheln und tauchen Sie im Roten Meer, machen Sie einen Abstecher zur ägyptischen Halbinsel Sinai und nach Petra in Jordanien oder genießen Sie einfach den heißen Fahrtwind im Ge-

Bild: Wüstenlandschaft bei Eilat

Die Wüste lebt! Zwischen Totem und Rotem Meer werden Krater, Felsen, Schluchten und Oasen Sie schon davon überzeugen

sicht – der Süden wird Sie auf jeden Fall nie enttäuschen.

BEERSHEVA

(132 B–C4) (*🗺 C–D8*) **Es hilft ja alles nichts. Da mag die Landschaft noch so atemberaubend sein – in Beersheva (ca. 200 000 Ew.) selbst gibt es einfach nicht viel zu sehen. Die Universitäts- und Industriestadt ist eher funktional ausgerichtet und in den letzten Jahren zum zweiten Standbein der Start-up-Nation Israel geworden.**

Hier lernt man, hier arbeitet man, hier schwitzt man. Wo früher noch Kamele gemütlich vor sich hinkauten, basteln jetzt Nerds an Apps und Cyber Security. Für Touristen ist Beersheva daher weniger reizvoll; es ist aber ein guter Ausgangspunkt für Touren in die Wüste und die umliegenden Beduinendörfer. Außerdem gibt es eine Zugverbindung direkt und bequem nach Tel Aviv. Starten Sie also hier!

Verfahren? Im Negev ist jeder Umweg eine spannende Reise

SEHENSWERTES

ABRAHAM'S WELL

Wo alles begann: Wegen dieses Brunnens, dessen heutige Anlage aus türkischer Zeit stammt, hatte sich der Patriarch vor 3700 Jahren hier niedergelassen. *So–Do 8–16, Fr 8–12 Uhr | Hebron Rd. 1 | Eintritt 10 NIS*

BEN-GURION-UNIVERSITÄT

Die Architektur des kargen Brutalismus passt perfekt in die Wüstenatmosphäre. Die Universität ist kulturelles Zentrum der Stadt; Musik- und Theaterveranstaltungen. Führungen über den Campus sind möglich. Eine futuristische Brücke führt zum Hightechzentrum des Landes, der Israeli Cyber Innovation Arena. *Ben Gurion St. | Tel. 08 6 46 11 11 | in.bgu.ac.il/en*

MUSEUM OF BEDOUIN CULTURE – JOE ALON CENTER

Falls Sie etwas mehr über die Beduinen Israels lernen wollen und Sie sich fragen, was *Thobe* und *Kufeya* sind, besuchen Sie doch einfach das Museum im *Kibbuz Lahav. So–Do 9–17, Fr 9–14 Uhr | Eintritt 20 NIS*

ESSEN & TRINKEN

ACHUZAT SMILANSKI

Hervorragendes Essen in einem alten, renovierten Stadthaus mitten in der Altstadt. *Tgl. | Smilanski St. 23 | Tel. 08 6 65 48 54 | www.rol.co.il | €€*

ÜBERNACHTEN

BET YATZIV

Ältere, aber schöne Jugendherberge und Bildungszentrum in der Stadtmitte. *80 Betten in Sälen, 85 DZ | Haatzmaut St. 79 | Tel. 08 6 27 74 44 | www.beityatziv.com | €*

LEONARDO HOTEL NEGEV
Großes, 1996 als Golden Tulip erbautes, inzwischen renoviertes Stadthotel. Zentral gelegen, mit Schwimmbad und vielen Annehmlichkeiten. *256 Zi. | Henrietta Sold St. 4 | Tel. 08 6 40 54 44 | www.leonardo-hotels.de | €€*

AUSKUNFT

TOURISTENINFORMATION
Hebron Rd. 1, Eingangsgebäude des Abraham-Brunnens | Tel. 08 6 23 46 13 | www.beer-sheva.muni.il

ZIELE IN DER UMGEBUNG

INSIDER TIPP AVDAT
(132 B6) *(🗺 C–D10)*

Wenn Sie schon immer mal sehen wollten, wo das Musical Jesus Christ Superstar gedreht wurde, dann auf zu den Felsen von Avdat! Im heutigen Nationalpark liegen sowohl die Ruinen der sogenannten Nabatäer als auch Palmenhaine und kühle Quellen. Wählen Sie zwischen historischen Entdeckungen und Naturspektakel. *April–Sept. tgl. 8–17, Okt.–März bis 16 Uhr | Eintritt 29 NIS, Ruinen nur im Kombi-Ticket mit Naturpark 46 NIS). 50 km südlich von Beersheva an der Straße nach Eilat*

EZUZ (132 A6) *(🗺 C10)*
Wer es wissen will und mit Sack und Pack (und viel Wasser) einmal durch die trockenen Ebenen streifen möchte, der sollte seinen Trip in Ezuz, an der Grenze zu Ägypten, beginnen. Rund 15 Familien haben sich hier zu einer Kommune zusammengetan und bieten Agrartourismus, ein vegetarisches Restaurant und eine Handvoll Privatunterkünfte *(3–4 Zi. und ein umgebauter Fernbus | €)*. Von hier aus starten Sie mitten in die Wüste – ob mit Jeep, Sandboard, Tourguide oder auf einem der Trails alleine zu Fuß. Fragen Sie am besten bei Ihren Gastgebern nach, welche Wege man allein meistern kann. Und erkundigen Sie sich vor Ihrer Reise nach Ezuz, wie sicher das Gebiet zurzeit ist. *www.touristisrael.com/ezuz*

INSIDER TIPP MITZPE RAMON
(134 C1) *(🗺 D 10)*

Kein Wunder, dass Jesus nach 40 Tagen in der Wüste eine Erleuchtung hatte. Wer einmal in den Wüstenkrater *Makhtesh Ramon* blickt, dem wird garantiert schwindlig. Auf gute Art und Weise. Hier trifft Blau auf Rot auf Gelb auf Braun. Beginnen Sie am offiziellen Aussichtspunkt im Ort (nicht zu verfehlen), laufen Sie entlang der Kraterkante und unternehmen Sie dann eine Spritztour mitten durch die Senke. Es gibt eine gut befahrbare Hauptstraße und für die Abenteuerlustigen (Vierradantrieb wichtig) auch unzählige Schotterstraßen. Wenn Sie schließlich genug von den Mondlandschaften haben, machen Sie eine Stippvisite in die *Alpakafarm (tgl.*

MARCO POLO HIGHLIGHTS

★ **Negev**
Durch die Wüste mit Jeep oder Dromedar → S. 86

★ **Underwater Observatory Park**
Unterwassererlebnisse in Eilat → S. 91

★ **Massada**
Der Kampf um die Festung am Toten Meer wurde zum Mythos → S. 94

★ **Totes Meer**
Schwimmen ohne Anstrengung → S. 92

8.30–18.30 Uhr | Tel. 05 28977010 | www.alpacas-farm.com | Eintritt 30 NIS) am Rand des Kraters. Alle Wüstentiere entspannen hier zusammen: Lamas, Kamele, Ziegen, Steinböcke, Pferde, Esel und natürlich Alpakas. Auch Reittouren buchbar *(1,5 Std. 175 NIS)*.

TEL BEERSHEVA

Etwa 10 km östlich von Beersheva liegen die Ruinen des biblischen Sheva, heute ein Nationalpark. Hier soll Abraham gelebt haben. Von hier können Sie gut eine kleine Tour unternehmen und verlieren sich dabei trotzdem nicht in der weiten Wüste. *Tgl. 8–17, Okt.–März 8–16 Uhr | www.parks.org.il | Eintritt 15 NIS*

EILAT

(134 C6) *(D14)* **Wäre Glücksspiel in Israel nicht illegal, wäre Eilat (50 000 Ew.) sicher das Las Vegas des Landes. Hier geht es vor allem um eins: Entertainment und große Hotels. All-inclusive-Pakete, endlose Buffets, Cocktailpartys und Privatstrände: Eilat ist der Inbegriff eines Ferienresorts.**

Mitten im Zentrum liegt der alte Flughafen; die meisten der teuren Hotels stehen am Nordstrand. Hier können Sie wunderbar schnorcheln und Tauchgänge unternehmen. Der Grenzübergang nach Ägypten befindet sich im 10 km südlich gelegenen *Taba,* der Übergang ins jordanische *Aqaba* wenige Kilometer nördlich der Stadt am Checkpoint Arava (von hier können Sie eine Spritztour in die atemberaubende jordanische Wüste Wadi Rum machen). Sollten Sie lieber fern vom Touristentrubel schnorcheln wollen, ist die ägyptische Halbinsel eine gute Alternative. Der Strand von Ras HaSatan ist auch bei Israelis sehr beliebt. Sprechen Sie vorher mit Einheimischen, ob ein Besuch unbedenklich ist – die Sicherheitslage auf dem Sinai ändert sich täglich.

Entertain-Enthusiasten wissen: If I can make it in Eilat, I can make it everywhere

SEHENSWERTES

UNDERWATER OBSERVATORY PARK ★ ●

Eine der großen Attraktionen Eilats liegt ca. 10 km südlich der Stadt Richtung ägyptische Grenze. 100 m vom Ufer entfernt und 6 m unter der Wasseroberfläche treten Sie trockenen Fußes ein in die bunte Welt der Meerestiere und -pflanzen. Dem Observatorium angeschlossen sind auf dem Land mehrere Becken – z. B. mit Haien, Meeresschildkröten und Rochen – sowie ein Oceanarium, in dem die Besucher durch Filme den Eindruck erhalten, sich in der Tiefsee zu befinden. *Tgl. 8.30–16 Uhr | www.coralworld.co.il | Eintritt 99 NIS, mit Oceanarium 109 NIS*

Die Unterwasserwelt Eilats können Sie auch mit Fahrten auf der „L'Amie"-Yacht erleben. *Tgl. Tagesausflüge mit Schnorchelgelegenheit | Coral Beach, 6 km südlich (Buslinie 15) | Tel. 08 6 33 35 60 | www.lamie.co.il | 100 NIS*

ESSEN & TRINKEN

In Eilat gibt's Restaurants in allen Preisklassen. Teurer sind die der großen Hotels, preiswerter isst man in der Gegend des *Rechter Commercial Centers.*

FISH MARKET

Frischer Fisch, abwechslungsreiche Vorspeisen. *So–Do 12–1, Sa 21–1 Uhr | Izmargad St. | Tel. 08 6 37 98 30 | €€*

THE LAST REFUGE

Top-Top-Top-Fischrestaurant in einem alten Schiff direkt am Strand. Versuchen Sie den Wolfsbarsch! *Tgl. 12.30–22.30 Uhr | Almog Beach | Tel. 07 37 02 73 01 | €€*

PASTORY

Der beste Italiener am Roten Meer. Hier wird alles frisch zubereitet. Unbedingt vorher die warme Brotstange mit verschiedenen Dips versuchen; sehr freundlicher Service; mit Garten – Toskana-Feeling. *Tgl. 13–23 Uhr | Tarshish 7 | Tel. 08 6 34 51 11 | €€*

EINKAUFEN

Die größte Auswahl bietet das Einkaufszentrum *Mall Ha Yam* am North Beach zwischen Mizrayim Road und Strand *(tgl. 9.30–24 Uhr)*.

FREIZEIT & SPORT

STRÄNDE

Sie lieben es ungewöhnlich? Dann packen Sie den Rucksack voller Wasser und ein bisschen Proviant und begeben sich zu einem der Strände außerhalb des Zentrums: *Princess-*, INSIDER TIPP *Mosh Beach* oder *Migdal Or Beach*. Diese Strände bieten zwar spartanische Infrastruktur (Achtung: keine Duschen!), aber am Mosh Beach gibt es immerhin kleine Hütten für den Sonnenschutz sowie ein vegetarisches Restaurant und am Migdal Or Beach eine kleine Strandbar. Mehr brauchen Sie hier auch nicht.

WASSERSPORT

Besonders Schnorcheln und Tauchen, sind in Eilat angesagt. Ideal für Schnorchler: *Coral Beach Nature Reserve (tgl. 9–17 Uhr | Tel. 08 6 37 68 29 | old.parks.org.il | Eintritt 35 NIS | Schnorchel- und Flossenverleih 1 Std. 10 NIS)* 1 km vor dem Underwater Observatory in einem geschützten Küstenabschnitt. Eine weitere gute Anlaufstelle für Wassersportler ist der *Aqua Sport Club* mit Tauchkursen und mehrtägigen Bootstouren *(Treffpunkt für Exkursionen, Schnorchelverleih und Tauchkurse: Aqua Sports Divers Lodge, Coral Beach | Tel. 08 6 33 44 04 | www.aqua-sport.com)*.

AM ABEND

Das Nachtleben Eilats ist ein bisschen lauter und greller als in Tel Aviv, z. B in der Disco *Platinum* im Isrotel King Salomon. Das *Dolphin Reef* veranstaltet dreimal in der Woche große Strandpartys *(Mo, Do, Fr | Eintritt 25 NIS)*. An der Promenade neben dem Royal-Beach-Hotel bietet *The Three Monkeys* täglich ab 21 Uhr Livemusik und zwei große Tanzflächen (draußen und drinnen).

ÜBERNACHTEN

Übersicht über das Hotelangebot in Eilat: *Eilat Hotel Association | Tel. 08 6 33 80 34 | www.eilathotels.org.il*

DAN ELAT

Sehr gepflegtes, modernes Familienhotel am North Beach, großzügiger, stufenförmiger Bau. Große Poollandschaft, vielseitiges Sport- und Unterhaltungsangebot. Kindern steht ganztags im benachbarten Dan Panorama Eilat der Children's Club offen. *378 Zi. | Tel. 08 6 36 22 22 | www.danhotels.com* | €€€

HILTON QUEEN OF SHEBA

Eine der besten Adressen in Eilat, eindrucksvolle Anlage, drei Schwimmbäder, große Zimmer, viel Komfort. *442 Zi. | Northshore | Antib Rd. 8 | Tel. 08 6 30 66 55 | www3.hilton.com* | €€€

JUGENDHERBERGE

Große, schöne Jugenherberge in zentraler Lage, nur 100 m bis zum Strand. *500 Betten, 13 DZ | Derech Mitsraim 8 | Tel. 02 5 94 56 11 | www.iyha.org.il* | €

AUSKUNFT

Es gibt kein öffentliches Touristenbüro. Infos gibt die Stadtverwaltung *www.eilat.mun.il* oder die öffentliche Eilat-Information *www.redseaeilat.com*. Private Unternehmen informieren online bzw. in Broschüren, die in den Hotels kostenlos ausliegen: z. B. *Eilat Guide | www.eilathotels.org.il* . Infos auch über: *Deutsches Generalkonsulat (Tel. 08 6 37 51 53); Schweizer Generalkonsulat (Tel. 08 6 37 27 49)*

ZIEL IN DER UMGEBUNG

TIMNA PARK (134 C5) *(D13)*

An der N 90 liegt ca. 40 km vor Eilat eine Landschaft voller Naturwunder (z. B. faszinierende Sandsteinformationen) und Ausgrabungen (z. B. antike Kupferminen, Tempel) mit ausgeschilderten Themenpfaden. *Tgl. 8–16 Uhr | Eintritt 44 NIS*

TOTES MEER

(133 E2–4) *(E7–8)* **Es ist ein absolutes Muss! Nach Jerusalem und Tel Aviv sollte das ★ ● Tote Meer auf jeden Fall auf Ihrer Reiseliste stehen. Wo kann man schon baden, ohne unterzugehen?** Außerdem können Sie dann von sich sagen, schon einmal am tiefsten Punkt der Erde geplanscht zu haben! 394 m unter dem Meerespiegel befindet sich dieses Naturspektakel. Die zehnfache Salzmenge des normalen Meerwassers lässt zwar keinerlei Leben in diesem Gewässer zu, formt dafür aber spektakuläre Salzkristalle und ist für jede Allergie oder Hautbeschwerden eine Wohltat. Die kleinsten Wunden oder frisch rasierte Beine können dabei aber schon mal herzlich brennen – achten Sie auch darauf, nie zu tauchen oder Wasser zu schlucken, schützen Sie Ihre Augen vor Salzwasser und halten Sie für mögliche Pannen eine Wasserflasche parat.

Die Grenze zu Jordanien verläuft genau in der Mitte des Toten Meers. An seinem südlichen Westufer lagen einst die biblischen Städte Sodom und Gomorrha. Südlich von Zohar Junction dehnen sich heute die „Dead Sea Industries" aus, die Salz, Brom und vor allem Magnesium fördern. Überall in Ufernähe schwimmen größere und kleinere Salzschollen aus reinem Natriumchlorid. In den angrenzenden, sich westlich erstreckenden *Salzbergen von Sodom* (Sodom Mountains) hat das Regenwasser faszinierende Höhlen ausgewaschen (z. B. die *Arubotaim-Höhle* und die *Flour-Höhle*), deren Besuch zu den unvergesslichen Wüstenabenteuern gehört.

Informieren Sie sich vor Ihrem Ausflug unter *www.deadsea.co.il* über mögliche Straßensperrungen. Seit der Wasserspiegel dramatisch sinkt, tun sich am Ufer sogenannte Sinklöcher auf, die ganze Kreuzungen verschlucken können. Da sowohl Jordanien als auch Israel fleißig den Jordan anzapfen, erreicht nur ein Rinnsaal das Tote Meer. Seit Jahren ist der Bau einer Pipeline vom Mittelmeer zum Toten Meer geplant, um das Binnengewässer wieder aufzufüllen. Sollte nicht bald Abhilfe geschaffen werden, wird das Tote Meer bald tatsächlich tot sein.

ZIELE AM TOTEN MEER

EN BOQEQ (133 D5) *(🕮 E8)*

Schon mal von oben bis unten mit harter Salzkruste und schwarzem Schlamm bedeckt gewesen? Danach jedenfalls will und muss man unbedingt eine Dusche nehmen. Machen Sie daher bloß nicht auf eigene Faust einen Strand am Toten Meer ausfindig – zumal die Sinklöcher nicht ganz ungefährlich sind! Es bietet sich daher an, am Südende in En Boqeq mit einem der kostenpflichtigen Privatstrände Vorlieb zu nehmen. Hier gibt es Duschen und Schatten und wer noch nicht genug Spa-Feeling hatte, kann sich in einem der Hotels mit Mineralbädern und Massagen entspannen. Luxuriös

Auf dem Toten Meer bekommt das Wort Treibenlassen eine neue Bedeutung

übernachten können Sie z. B. im *David Dead Sea (577 Zi. | Tel. 08 6 59 12 34 | www.david-deadsea.com | €€€)* inmitten vegetationsloser Ursprünglichkeit direkt am Meer. Spa-Anlage, vier Restaurants.

EN GEDI (133 E3) *(🕮 E8)*

En Gedi (1000 Ew.), seit 1950 ein Kibbuz, in dessen Nähe das gleichnamige, 27 km^2 große Naturreservat liegt, ist der perfekte Ausgleich zum heißen Toten Meer. In der Oase fließen kleine Bäche mit Süßwasser, man kann in Naturpools baden und im Schatten unter Palmen liegen. Auch einige Künstler haben sich hier niedergelassen, deren Studios man besuchen kann. Von Jerusalem aus erreichen Sie zuerst den Eingang des Naturparks, ca. 2 km weiter südlich die Abzweigung zum Kibbuz. Der Kibbuz selbst liegt mit seinem botanischen Garten 1 km oberhalb des Toten Meers. Wegen des niedrigen Wasserspiegels besitzt er heute keine eigene Badestelle am Toten Meer. Die Sinklöcher haben außerdem dafür gesorgt, dass der Badestrand En Gedis zum Toten Meer derzeit nicht begehbar ist. Im Naturreservat führt ein Fußweg an einem Bach entlang zum *Davidwasserfall*. Nationalparkbesuch: *April–Sept. tgl. 8–17, Okt.–März bis 16 Uhr | Eintritt 29 NIS.*
In der Bungaloanlage *En Gedi Hotel (85 Zi. | Tel. 09 72 86 59 42 21 | www.ein-gedi.co.il | €€)* oberhalb des Toten Meers warten Zimmer mit Komfort und ein Garten mit Pool auf Sie.

LOW BUDG€T

Am Checkpoint zum Toten Meer lohnt es sich, Halt zu machen. Direkt neben den Soldaten verkauft eine Familie aus einem VW-Bus köstlichen *Malabi* und Schwarztee – mit Blick auf Salzmeer und jordanische Küste.

Auf einem ehemaligen Industriegelände nördlich von Eilat steht eines der größten Zentren für Vogelbeobachtung, das ● *IBRCE Eilat International Birdwatching Center. So–Do 8.30–12.30 Uhr | Führungen möglich | an der Arava Rd., nahe dem Yitzhak-Rabin-Grenzübergang nach Jordanien | Tel. 07 6 37 42 79 | www.birds.org.il | Eintritt frei*

MASSADA ★ ● (133 D4) *(🕮 E8)*

Das Beste: Von dem 450 m hohen Felsplateau Massada (Mezada) können Sie beobachten, wie die Sonne hinter den jordanischen Bergen aufgeht und dann den Tag in Israel beschließt. Einst ließ auf dieser ca. 600 m langen und 300 m breiten Klippe Herodes eine uneinnehmbare Festung errichten. Nach der Zerstörung Jerusalems verschanzten sich hier ca. 1000 jüdische Aufständische. Erst nach zweijähriger Belagerung gelang es den Römern, im Jahr 73 Massada einzunehmen. Um der Sklaverei zu entgehen, beschlossen alle Belagerten nach einer flammenden Rede ihres Anführers El Azar, von eigener Hand zu sterben. Massada und die Haltung dieser religiös-radikalen Nationalisten, der Zeloten, haben in Israel eine hohe symbolische Bedeutung. „Massada darf nie wieder fallen", heißt es im Fahneneid der Soldaten.
Man kann auf drei Wegen auf die erst 1963 freigelegte Festung hinaufgelangen: zu Fuß wie die Römer von Arad aus an der Westseite über die Rampe (ca. 2 Std.); zu Fuß über den „Schlangenpfad" an der Ostseite, der an der Talstation der Seilbahn beginnt (ca. 45 Min.); mit der *Seilbahn (Sa–Do 8–16, Fr 8–14 Uhr, alle 20 Min. | www.parks.org.il, www.mfa.gov.il | hin und zurück 76 NIS inkl. Eintritt).*

Sound-and-Light-Shows, die die Geschichte Massadas erzählen, finden März bis Oktober Di u. Do um 21 Uhr statt *(Eintritt 45 NIS | Zugang nur über die Straße aus Arad)*. Unterkunft gibt es in der INSIDER TIPP *Jugendherberge Massada (88 Zi., darunter 15 EZ u. 14 DZ | Tel. 08 5 94 56 23 | www.iyha.org.il | €)* südlich des Plateaus.

da Wertvolles in den Händen hält, als er 1947 die ältesten Bibelschriftrollen der Welt entdeckte? Da lagen sie, verstaubt in ein paar Krügen, in einer Höhle im Felsen von Qumran beim Toten Meer. Die sieben Rollen aus Pergament und Papyrus aus dem 1. Jh. v. Chr. befinden sich heute in Jerusalem, im *Shrine of the Book* des Israel-Museums.

Genug vom Toten Meer? Ab ins lebendige Paradies En Gedi, wo die Wasserfälle rauschen ...

INSIDER TIPP **NAHAL ARUGOT**
(132 D4) *(🕮 E7)*
Wenn es eng wird an den Pools von En Gedi, bietet der Wasserfall und Wanderweg Nahal Arugot auf der Westseite des Toten Meers eine schöne Alternative. Die meisten Wege führen durch knietiefes Wasser – in der Hitze werden Sie dafür dankbar sein. Der längste Rundweg ist 4 Std. lang. *Tgl. 9–16 Uhr | Eintritt frei | www.deadsea.com*

QUMRAN (133 E2) *(🕮 E7)*
Ob der palästinensische Hirtenjugen Muhammed Adh-Dhib wusste, was er

In Qumran lebten um die Zeitwende Mitglieder der Essener-Sekte. Zu ihnen gehörte möglicherweise auch Jesus. Die Ruinen ihres von den Römern 67 n. Chr. zerstörten Klosters und die oberhalb liegenden Höhlen wurden zum Nationalpark erklärt. Am Eingang befindet sich ein Visitor Center. *Tgl. April–Sept. 8–17, Okt.–März 8–16 Uhr | Tel. 02 9 94 22 35 | www.parks.org.il | Eintritt 21 NIS*

AUSKUNFT

EN GEDI TOURISM
Tel. 08 6 58 42 88 | www.ein-gedi.co.il

ERLEBNISTOUREN

1 ISRAEL PERFEKT IM ÜBERBLICK

START: ① Jerusalem **ZIEL:** ⑱ Tel Aviv	**9 Tage** reine Fahrzeit 20 Stunden
Strecke: ➡ 1157 km	

KOSTEN: Leihwagen 350 Euro, Benzin 200 Euro, Eintritte 170 Euro/ Pers., Übernachtungen 660 Euro/Pers., Essen & Trinken 540 Euro/ Pers., Taxi 30 Euro

MITNEHMEN: Badesachen, Schwimmbrille, Wanderschuhe, Kopfbedeckung, Sonnenschutz, Trinkwasser

ACHTUNG: Eingeschränkte öffentliche Verkehrsmittel am Shabbat (Fr 15 bis Sa 17 Uhr); aufwendige Kontrollen bei Besuchen in Bethlehem und Jericho. Nehmen Sie ein Ostjerusalemer Taxi für die Fahrt nach Bethlehem. Im Toten Meer Augen vor Salzwasser schützen, Schlüssel für Süßwasserdusche in En Gedi am Kiosk

Sie wollen die einzigartigen Facetten dieser Region entdecken? Dann los! Noch einfacher wird es mit der Touren-App: Laden Sie sich die Tour über den QR-Code auf Seite 2/3 oder über die Webadresse in der Fußzeile auf Ihr Smartphone – damit Sie auch offline die perfekte Orientierung haben. Bei Änderungen der Tour ist die App auf dem neuesten Stand und weicht ggf. von den Erlebnistouren im Buch ab. In diesem Fall finden Sie in den Events & News (s. S. 2/3) die neueste Tour als PDF.

TOUREN-APP

→ S. 2/3

Eine Reise durch Israel einschließlich der palästinensisch selbstverwalteten Gebiete und der von Israel besetzten Westbank bietet nachhaltige Erlebnisse. Die Route führt Sie zu den Highlights des Landes: von Jerusalem über den See Genezareth bis nach Tel Aviv. Sie lernen die israelische Mittelmeerküste kennen und baden im Toten und im Roten Meer.

TAG 1–2

1 Jerusalem

Sie starten im 800 m hoch gelegenen **1 Jerusalem → S. 64**. In der Landeshauptstadt, in der die bedeutendsten Verehrungsstätten der drei monotheistischen Weltreligionen liegen, erleben Sie die mehrdimensionalen Gegen-

sätze des Landes besonders. Bleiben Sie im **Three Arches** *(King David St. 26 | Tel. 02 5 69 26 95 | €€)* drei Nächte in der Stadt und nehmen Sie sich nicht nur Zeit für die einzigartigen Sehenswürdigkeiten.

TAG 3

17 km

❷ Bethlehem

14 km

❸ Mount Zion Hotel

Ein Tagesausflug mit dem Taxi führt Sie **über die N 60** ins palästinensische **❷ Bethlehem** **→ S. 82**. Wie keine andere Stadt veranschaulicht Bethlehem die alltäglichen Beschwernisse des nicht enden wollenden Nahostkonflikts. Die Anreise durch Straßensperren und Kontrollen ist ungefährlich. Den Tag lassen Sie in der Lounge des **❸ Mount Zion Hotels** *(17 Hebron Rd. | Tel. 02 5 68 95 55)* in Jerusalem ausklingen.

1200 m hinab ins Jordantal fahren Sie über die N 1 und die N 90 nach ④ **Jericho → S. 83**, wo Sie in der ältesten Stadt der Menschheit die biblischen Ruinen erleben. **Entlang des Jordans geht es auf der N 90 nach** ⑤ **Bet Shean → S. 60** zum römischen Theater und **weiter auf der N 90 nach** ⑥ **Tiberias → S. 58** am See Genezareth, der 200 m unter dem Meeresspiegel liegt und das Zentrum Galiläas mit vielen biblischen Stätten ist. **Über die N 77 und die N 754 durch die Täler und Berge des biblischen Galiläa** kommen Sie nach ⑦ **Nazareth → S. 54**. Seit Jesu Zeiten wird hier Wein angebaut, den Sie im Restaurant **Fontana di Maria → S. 57** bei einem Abendessen genießen können.

Von Nazareth führt die Route über die N 79 und die N 4 an die israelische Mittelmeerküste zur alten Hafenstadt ⑧ **Akko → S. 33**, in der die Zeit der Kreuzritter in den unterirdischen Befestigungsanlagen und bei einem Rundgang auf der Stadtmauer noch deutlich zu spüren ist. **Über die N 4** gelangen Sie zur größten Hafenstadt Israels, nach ⑨ **Haifa → S. 37**, Zentrum der Bahai, die hier den sehenswerten **Bahai-Schrein → S. 38** mit einer wunderschönen Gartenlage errichtet haben. Entspannen Sie sich hier!

Heute steht Ihnen die längste Autofahrt bevor – **Richtung Süden zunächst auf der A 2.** Entlang der Mittelmeerküste hinterließen bereits die Römer ihre Spuren, z. B. in ⑩ **Caesarea Maritima → S. 53** das Amphitheater. Gönnen Sie sich eine Erfrischungspause in **Herzliya**: Springen Sie am kostenlosen Strandabschnitt ⑪ INSIDER TIPP **Nof Yam Beach** ins Meer. **Über die A 2 und A 4 geht es nach Asquelon und weiter über die N 34 und die N 25** in die Hauptstadt des Negev, ⑫ **Beersheva → S. 87**, wo Sie übernachten.

Heute folgt **auf der N 40** die Durchquerung des **Negev**, der großen Wüste Israels. Bei **Mitzpe Ramon** liegt die Meteoriten-Kraterlandschaft des ⑬ **Makhtesh Ramon → S. 89**. Nach einem Spaziergang entlang des Kraterrands geht es **weiter auf der N 40 und der N 90** nach ⑭ **Eilat → S. 90**. Am beliebtesten Badeort der Israelis ist Erholung, Baden und Schnorcheln (Ausrüstung im **Isrotel Princess Eilat** *(Taba Beach | Tel. 08 6 36 55 55)*) im Roten Meer angesagt.

Sie fahren zurück nach Norden auf der N 90 durch die Arava-Ebene und weiter ans Tote Meer nach **Massada →S. 94**. Hier steht der Besuch der Ruinen der 400 m hoch

⑮ Festung Massada

23 km

⑯ En Gedi

TAG 9

38 km

⑰ Qumran

115 km

⑱ Tel Aviv

oben auf einer Klippe gelegenen weltberühmten ⑮ **Festung Massada** auf dem Programm. **Immer auf der N 90** kommen Sie am westlichen Ufer des Toten Meers zur Oase ⑯ **En Gedi → S. 94**, wo Sie die Faszination erleben, auf dem Wasser zu liegen, ohne unterzugehen. Allerdings wird das wegen des Absinkens des Meers immer schwieriger.

Auf der N 90 gelangen Sie nach ⑰ **Qumran → S. 95**, dem Ort der ältesten Bibeltexte. Danach geht es vom 400 m unter dem Meeresspiegel liegenden Toten Meer **1200 m über die N 90 und die A 1 hinauf nach Jerusalem und dann 800 m hinunter zur Mittelmeerküste nach** ⑱ **Tel Aviv → S. 43**, wo Sie neben spannender Geschichte ein abwechslungsreiches Kulturangebot geboten bekommen. Am schönen Badestrand lassen Sie die vielen Eindrücke der Reise an sich vorüberziehen.

2 DURCH DIE ALTSTADT JERUSALEMS

START: ① Jaffator
ZIEL: ⑬ Jerusalem Pottery

½ Tag
reine Gehzeit 1 Stunde

Strecke:
3 km

KOSTEN: Essen & Trinken 10 Euro/Pers., Eintritte ca. 20 Euro/Pers., Trinkgeld (Kirchen) 10 Euro
MITNEHMEN: Kopfbedeckung

ACHTUNG: An der Klagemauer beten Frauen und Männer getrennt. Kopfbedeckung für Männer (eine Kippa aus Pappe wird am Eingang verliehen), Kopftuch/Schal für Frauen sind Pflicht. Strenge Kontrollen vor dem Betreten des Bereichs der Klagemauer. Die Tour eignet sich am besten an den Wochentagen Di bis Do.

Die ummauerte Jerusalemer Altstadt gehörte nach der Staatsgründung 1948 nicht zu Israel, wurde 1967 erobert und 1980 von Israel annektiert. Seit alters her ist sie in Viertel unterteilt, benannt nach den vier Gemeinden – Christen, Juden, Moslems, Armenier –, die in der Nähe ihrer religiösen Zentren leben. Vom Jaffator aus besuchen Sie drei dieser Viertel und erleben als Höhepunkt den Tempelberg.

① Jaffator

10:00 Wie für die meisten Besucher, die in Westjerusalem wohnen, führt Sie der Weg durch das ① **Jaffator** in die Altstadt. Durch dieses Tor verließen jahrhundertelang all jene die Stadt, die zum Hafen Jerusalems, nach Jaffa, gelangen wollten. Am Jaffator ist die Altstadt voller Leben.

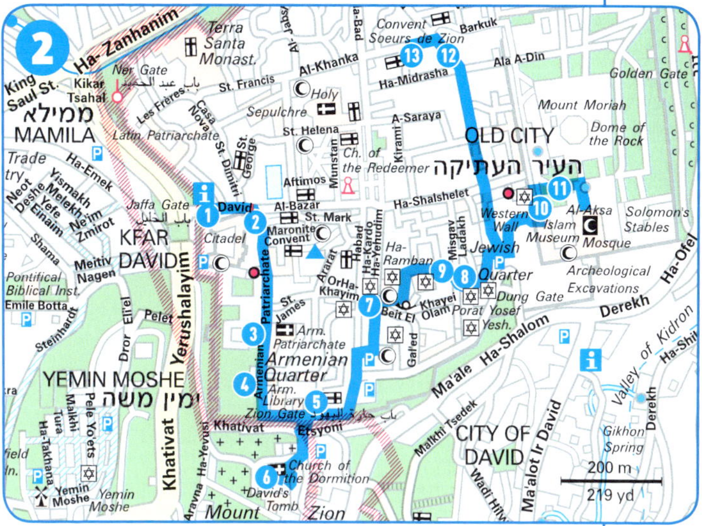

Direkt rechter Hand am Jaffator steht die mächtige **2 Davidszitadelle → S. 70**. Sie wird von israelischer Seite mit König David in Verbindung gebracht. **Hier beginnt rechts die Straße des Armenischen Orthodoxen Patriarchats**, die bedeutendste Straße des Armenischen Viertels. Es ist das ruhigste Viertel der Altstadt. **Gehen Sie die Straße hinunter bis zur 3 Jakobskirche → S. 69**. Am Eingang erinnert Sie eine aramäische Inschrift daran, dass armenische Gläubige bereits seit der Zerstörung des Tempels in Jerusalem leben. In dem mit Silber überdeckten steinernen Taufbecken soll der Überlieferung nach Maria getauft worden sein. Mehr über die Armenier und ihre traurige Geschichte erfahren Sie **etwas weiter auf der gleichen Straßenseite** im **4 Armenischen Museum → S. 69**. **Am Museum stoßen Sie auf die historische Stadtmauer**, die vom **5 Zionstor** durchbrochen wird. Es wurde unter Sultan Suleiman 1540 fertiggestellt – Jahr und Herrschername hat der arabische Baumeister ins Mauerwerk einmeißeln lassen. Hinter dem Tor, das die Araber Davidstor (Bab Nabi Daoud) nennen, bieten fliegende Händler im Schatten hoher Bäume frisch gepressten Saft aus Jaffa-Orangen an. **Gehen Sie durchs Tor**, stehen Sie auf dem **6 Berg Zion → S. 70**, auf dem sich insbesondere für Christen bedeutende Stätten dicht an dicht drängen wie das **Grab Davids → S. 70**, ein mit Samt bedecktes Felsengrab. Im gleichen Gebäude füh-

2 Davidszitadelle

3 Jakobskirche

4 Armenisches Museum

5 Zionstor

6 Berg Zion

7 Cardo

8 Burnt House

9 Burgers Bar

10 Klagemauer

11 Tempelberg

ren Stufen hinauf zum **Cenaculum → S. 70**, einem Saal, in dem nach christlicher Überlieferung das Letzte Abendmahl stattfand. In unmittelbarer Nähe steht die **Dormitio-Kirche → S. 70**, in der Christen das Wirken und Sterben Marias verehren. **Zurück geht's zum Zionstor und rechts an der Stadtmauer entlang**. Der Spaziergang führt innerhalb der ummauerten Altstadt **linker Hand in die Hayehudim Street hinunter zum 7 Cardo → S. 73** mitten im Jüdischen Viertel, der in römisch-byzantinischer Zeit die Hauptstraße Jerusalems war. **Über die Hamekubalim Street und die Tiferet Israel erreichen Sie das 8 Burnt House → S. 72**, ein rekonstruiertes Wohnhaus aus dem 1. Jh., das an die Geschichte des Jüdischen Viertels erinnert.

13:00 Ein paar Meter zurück lohnt eine Pause bei koscheren Burgern in **9 Burgers Bar** *(So–Do 11–21, Fr 10–15 Uhr | Tiferet Israel 12 | Tel. 02 6 27 88 97 | €)*. Nach der Stärkung erreichen Sie **über Treppen und enge Gassen, von Hinweisschildern geführt**, die **10 Klagemauer → S. 73**. Setzen Sie sich auf die Stufen des großen Vorplatzes und beobachten Sie die Rituale an der berühmten Mauer. **Zum 11 Tempelberg hinauf führt heute ausschließlich für touristische Besucher rechter Hand der Klagemauer ein überdachter, von israelischer Polizei kontrollierter Brückensteg.** Auf dem Tempelberg warten der **Felsendom → S. 68**, mit seiner goldenen Kuppel das Wahrzeichen Jerusalems, und die **Al-Aqsa-Moschee → S. 68**.

14:00 **Zurück am Vorplatz der Klagemauer tauchen Sie wieder in die belebten Gassen der Altstadt ein und folgen der El Wad Street bis zur Ecke Via Dolorosa.**

In der Via Dolorosa gibt's nicht nur Holzkreuze

Das arabische ⑫ **Abu Shukri** → S. 77 lädt zu orientalischen Köstlichkeiten ein. **Schräg gegenüber in der Via Dolorosa 15** bietet ⑬ INSIDER TIPP **Jerusalem Pottery** *(tgl. meist 10–18 Uhr)* armenische Keramik an. Nehmen Sie eine Erinnerung an den Rundgang mit! Nach erfolgreichem Handeln werden Sie bestimmt zu einem Glas Tee eingeladen.

⑫ Abu Shukri

⑬ Jerusalem Pottery

3 RUND UM DEN SEE GENEZARETH

START: ① Tiberias
ZIEL: ① Tiberias

Strecke:
72,5 km

1 Tag
reine Fahrzeit 1 Stunde

KOSTEN: Essen & Trinken 15 Euro/Pers., Leihwagen 40 Euro, Benzin ca. 15 Euro, Eintritte ca. 20 Euro/Pers., Yardenit: Taufkleid leihen 8,50 Euro, kaufen 22,50 Euro, Täufer 55 Euro, Video 45 Euro

MITNEHMEN: Badesachen, Frauen benötigen einen Schal für den Besuch der Kirchen

ACHTUNG: Die zu besichtigenden Sehenswürdigkeiten schließen um 17 Uhr. Badeschuhe wegen des steinigen Seeufers nicht vergessen. Dezente Kleidung für den Besuch der christlichen Stätten beachten

Der See Genezareth ist ein Muss auf jeder Israelreise und vor allem für Bibelkenner ein besonderes Erlebnis. Die Israelis bezeichnen den Yam Kinnereth, ihren größten Binnensee, scherzend als Meer. Seine Lage in der Jordansenke am Fuß der Golan-Höhen ist seit Jahrtausenden von anhaltender Faszination.

09:00 Sie starten in ① **Tiberias** → S. 58 und **fahren auf der N 90 in Richtung Süden**. Nach wenigen Kilometern erreichen Sie ② **Hamat Tiberias** mit schönen Bademöglichkeiten in den hiesigen Heilquellen – und das seit römischen Zeiten. **Weiter südlich auf der N 90** kommen Sie nach **Yardenit**, wo Sie die Taufeinrichtungen des ③ **Kibbuz Kinneret** → S. 59 besuchen können. In der biblischen Tradition Johannes' des Täufers, der Jesus im Jordan taufte, finden hier täglich unter freiem Himmel christliche Taufen statt. In einem gigantischen Devotionalienladen erstehen Sie u. a. gesegnetes Jordanwasser als Souvenir. **Bei Zemah folgen Sie der N 92,** die von nun an am östlichen Ufer des Sees entlangführt. Mieten Sie sich ein Surfbrett im ④ **Ma'agan Holiday Village** → S. 63 und gehen Sie eine Runde aufs Wasser! **Weiter geht es auf der N 92** durch üppige Bananen- und Gemüseplantagen, die zum

① Tiberias
2,5 km
② Hamat Tiberias
7,5 km
③ Kibbuz Kinneret
④ Ma'agan Holiday Village

In der Brotvermehrungskirche in Tabgha auf den Boden schauen!

11 km

5 Kibbuz En Gev

23 km

6 Kapernaum

3 km

7 Tabgha

4 km

8 Berg der Seligpreisung

größten Teil den hier errichteten Kibbuzim gehören. Zu den bekanntesten am See zählt der direkt am Ufer gelegene **5 Kibbuz En Gev → S. 61**. Decken Sie sich im Restaurant für ein späteres Picknick im Grünen ein. **Vorbei am Nationalpark Kursi am nordöstlichen Ufer des Sees geht es ab der Yehudiya Junction auf die vom Golan kommende N 87. Sie überqueren auf der Arik-Brücke den Jordan, der hier in den See Genezareth eintritt, und erreichen das an der Nordseite des Sees gelegene 6 Kapernaum**. Hier heilte Jesus u. a. Aussätzige und Besessene, warb die ersten Jünger an und beruhigte bei der Überfahrt einen gewaltigen Sturm. Einzelne Bauwerke Kapernaums nehmen Bezug auf diese Wunder.

13:00 **Nur etwas weiter westlich liegt an der N 87** inmitten üppigen Grüns der Ort **7 Tabgha → S. 63**, in dem die Speisung der 5000 stattfand. Zwischen der **Brotvermehrungskirche** und dem Seeufer dehnt sich ein üppiger Garten mit Rasen und Bänken aus – INSIDER TIPP ein passender Ort für Ihr Picknick. Falls die Gartentür verschlossen ist, bitten Sie einen Pater um den Schlüssel. **Über die N 90, in die die N 87 an der Kapernaum Intersection einbiegt, und der Ausschilderung „Mount Beatitudes" folgend,** erreichen Sie den **8 Berg der Seligpreisung →**

S. 60, auf dem Jesus die Bergpredigt hielt. Von hier aus haben Sie einen der schönsten Blicke über den See.

7,5 km

9 Kibbuz Ginossar

10 km

1 Tiberias

17:00 **Wenn Sie wieder auf der N 90 sind und der Straße am Westufer des Sees Richtung Süden folgen, erreichen Sie den** 9 **Kibbuz Ginossar** mit einem 2000 Jahre alten, 8 m langen Holzboot. In Anlehnung an diesen Fund aus der Zeit Jesu nennen sich viele Touristenboote auf dem See Genezareth „Jesus' Boat". **Von Ginossar führt die N 90** nach 1 **Tiberias** zurück, wo Sie im **The Scots Hotel** → S. 60 bei einem gemütlichen Abendessen auf der Terrasse den Blick über den See genießen.

4 DAS MODERNE TEL AVIV ERLEBEN

START: 1 **Habima-Theater**
ZIEL: 10 **Suzanne Dellal Center**

Strecke:
11 km, davon 4 km zu Fuß

1 Tag
reine Geh- und Fahrzeit
1 Stunde

KOSTEN: Essen & Trinken ca. 50 Euro/Pers., Sonnenschirm und Liege am Strand ab 15 Uhr 8 Euro/Pers., Taxi 16 Euro, Theaterbesuch ab 22 Euro
MITNEHMEN: Badesachen

ACHTUNG: Tour eignet sich an Wochentagen Mo bis Fr. Am Shabbat (Fr ab ca. 16 bis Sa ca. 17 Uhr) fahren keine öffentlichen Verkehrsmittel. Wer spontan die Israelischen Philharmoniker hören möchte, stellt sich ab 10 Uhr an der Kasse des **Charles-Bronfman-Auditoriums** *(Tel. 03 6 211 777)* für eine zurückgegebene Karte an.

Tel Aviv ist eine sehr junge Stadt, auch wenn der arabische Stadtteil Yafo (Jaffa) auf eine Geschichte bis zur biblischen Sintflut zurückblicken kann. Dennoch besitzt auch das neue Tel Aviv viel Sehenswertes, das die rasante Entwicklung der Stadt deutlich macht. Der Rundgang führt durch jenen zentralen Teil der Stadt, in dem Sie mitten im alltäglichen Leben der Tel Aviver sind.

1 Habima-Theater

2 Helena Rubinstein Pavillon

09:00 Am schneeweißen Bauhaus-Bauwerk, dem 1 **Habima-Theater**, Israels Nationaltheater, beginnen Sie den Tag an einem der „musikalischen Blumenbeete" – Lautsprecher zwischen den Pflanzen tauchen den Theatervorplatz in klassische Melodien. **Ein Stück weiter am Culture Square erreichen Sie den** 2 **Helena Rubinstein Pavillon** *(Sa, Mo, Mi 10–16, Di, Do 10–22, Fr 10–14 Uhr | Eintritt 10 NIS)*, der sich auf zeitgenössische israelische und internationale Kunst konzentriert und direkt neben dem größten Konzertgebäude Israels und dem Stammhaus der weltbekannten Israelischen Philharmoniker, **Charles-Bronfman-Auditorium**, steht. **Gehen Sie am südlichen Ende des Culture Squares auf die gegenüberliegende Straßenseite zum ❸ Nehama Café 2** *(tgl. 7.30–1 Uhr | Ahad Ha'Am St. 144 | Tel. 03 6 85 23 26 | €€)*. Dort schauen Sie von der Terrasse aus dem Treiben auf dem Theaterplatz zu. **Gestärkt erreichen am südlichen Ende des Culture Square den ❹ Rothschild Boulevard → S. 45**, der für seine Bauhausarchitektur als Unesco-Welterbe ausgezeichnet wurde. Nehmen Sie sich beim Schlendern in Acht vor den rasend schnellen Fahrradfahren! Unter den Schatten spendenden Bäumen erreichen Sie die Shoppingmeile **❺ Sheinkin Street**. Biegen Sie rechts hinein und stöbern Sie durch die unzähligen Läden mit Souvenirs, Schmuck, allerlei Deko-Artikeln oder Kleidung, wie bei **Belle & Sue** *(Sheinkin St. 41)*. In ihrer lichtdurchfluteten Boutique bieten die beiden Schwestern einen Mix aus Hipstertum und Bourgeoisie. Idealer Zwischenstopp und perfekt zum Peoplewatching ist das **Café Rega → S. 48**.

❸ Nehama Café 2

❹ Rothschild Boulevard

❺ Sheinkin Street

❻ Carmel Market

13:00 **Am Ende der Sheinkin Straße haben Sie das trubelige Fadenkreuz Sheinkin/King George/Allenby-Straße erreicht** und stolpern geradewegs in den **❻ Carmel**

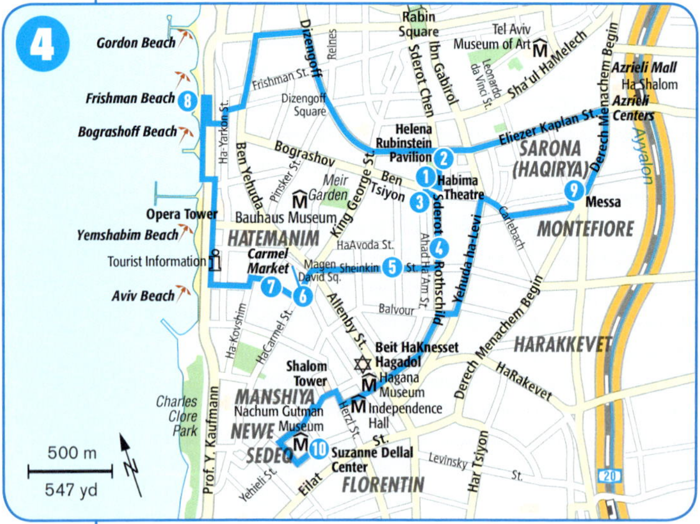

Vorsicht! Reizüberflutungsgefahr droht auf dem Carmel Market

Market → **S. 45**. Was für ein Wechsel von Atmosphäre und Lebensstilen! Hier erleben Sie das ursprüngliche Tel Aviv: die Vielfalt der exotischen Gerüche, das Feilschen um die Preise und die Freundlichkeit, mit der sich die Händler von Ihnen verabschieden. **An der Ecke zur Yishkon Straße** versteckt sich eine ehemalige Synagoge, in der Hummus angeboten wird: INSIDER TIPP **Hummus Magen David** *(tgl. 7.30–16.30 Uhr | Tel. 050 5 29 56 68 | €)*. Lassen Sie es sich zwischen Torahrollen und auf den Holzbänken schmecken. Die ⑦ **Yishkon Street** führt sie durch das zweitälteste Viertel der Stadt, den Weinberg der Jemeniten (Kerem Ha´Teyimanim). Die Häuser sind klein, die Straßen verwinkelt und von irgendwoher kommt immer Musik.

15:00 **Wenn die Yishkon Street auf die Ha´Kovshim Street trifft und zur Ezra Hasofer Street wird, gehen Sie weiter geradeaus – an den Strand. Laufen Sie von hier hinauf zum** ⑧ **Frishman-Strand** → **S. 49**, das ist der ruhigste und gepflegteste Abschnitt. Ideal, um zu entspannen. Fahren Sie von hier mit dem Taxi zum vorzüglichen Essen ins ⑨ **Messa** *(tgl. 150–15 u. 19–23 Uhr | Ha Araba'a St. 19 | Tel. 03 6 85 80 01 | €€€)*, bevor Sie zum krönenden Abschluss Ihres Tel-Aviv-Tags eine Tanzaufführung in der renommiertesten israelischen Institution für zeitgenössischen Tanz, im ⑩ **Suzanne Dellal Center** *(Yehieli St. 5 | Neve Zedek | Tel. 03 5 10 56 56 | www.suzannedellal.org.il)*, erleben.

⑦ Yishkon Street

⑧ Frishman-Strand

⑨ Messa

⑩ Suzanne Dellal Center

SPORT & WELLNESS

Drei Klimazonen, unzählige Sportarten! Ob auf dem Wasser, in der Luft, in der Halle, am Strand oder sogar auf Skiern – Israelis sind aktiv.

Gerade Tel Avivis sind Körpermenschen. In der Mitte der Boulevards gibt es öffentliche Fitnessstudios, auf der Promenade wird zu jeder Tageszeit gejoggt und in den Morgenstunden pilgern die Surfer an den Strand. Im Norden des Landes findet man viele Reitställe, in Eilat wird getaucht und am Toten Meer in Kur gegangen. Alle großen Hotels unterhalten Tennisplätze und meist ein Sportcenter fürs persönliche Fitnessprogramm. In den Tageszeitungen werben „Health Clubs" für ihr Angebot an Sport- und Trainingsmöglichkeiten. Fahrräder können Sie sowieso in jeder Stadt mieten. Besonders für Wassersportler bietet das Land beste Voraussetzungen.

GOLFEN

Der älteste Golfplatz des Landes wurde von Mitgliedern der Familie Rothschild 1961 am Rand Caesareas in Strandnähe angelegt. Der 72er-Kurs mit 18 Löchern ist 6,2 km lang und ganzjährig geöffnet. Wegen des sandigen Bodens kann der Platz auch nach heftigen Regengüssen schnell wieder bespielt werden. *Caesarea Golf and Country Club | neben dem Hotel Dan Caesarea | Di–So | Tel. 04 6 10 96 02 | www.caesarea.com | Greenfee: 480 NIS, Golf Cart 150 NIS*. Auf der 9-Loch-Anlage des *Kibbuz Gaash (20 Min. nördl. von Tel Aviv an der A 2 | Tel. 09 95 15 11 | www.*

Rafting, Tauchen, Reiten, Hamam – wenn Sie in Israel keine Aktivität finden, die zu Ihnen passt, ist Ihnen auch nicht mehr zu helfen

gaashgolfclub.co.il) golft man ebenfalls ganzjährig.

RAFTING

Im Frühjahr wird der obere Jordan durch die Schneeschmelze im Hermon in Obergaliläa zu einem anschwellenden Fluss, der sich nördlich von Rosh Pina durch die hügeligen Ausläufer des Golan zwängen muss. In der Nähe des Kibbuz Gadot bietet *Jordan River Rafting (Tel. 04 9 00 70 00 oder 05 47 74 47 00 | www.rafting.co.il | 18 Euro/Pers./2,5 Std.)* Kajaktouren an.

REITEN

Wer die Ufer des Sees Genezareth mit dem Pferd erkunden möchte, sollte die Hotelranch INSIDER TIPP *Vered Hagalil (Tel. 04 6 93 57 85 | www.veredhagalil.co.il)* bei Khorazim an der N 90 aufsuchen. Am Strand reiten Sie in Mikhmoret bei Hadera auf der *Cactus Ranch (Tel. 050 6 99 90 00 | www.cactus4u.biz)*.

SCHWIMMEN

Israel hat das Tote Meer, das Rote Meer, das Mittelmeer, den See Genezareth, den Jordan und dazu unzählige kleine Flüsse und Seen. Überall können Sie ins kühle Nass! Ausgebildete Lebensretter sind an allen öffentlichen Stränden im Einsatz, das Baden ist kostenlos. Am berühmtesten ist der kilometerlange öffentliche Strand von Tel Aviv. Er wird vorbildlich sauber gehalten und verfügt über beste touristische Infrastruktur (Sonnenschirme, Liegen etc.). Fast alle großen Hotels besitzen zudem einen Swimmingpool. Nicht-Hotelgäste haben meist gegen Gebühr Zutritt. Öffentliche Schwimmbäder finden Sie u. a. in *Tel Aviv (Gordon Swimming Pool | Kikar Atarim)* und *Jerusalem (Jerusalem Swimming Pool | 13 Emek Refaim). Alle Schwimmbäder März–Okt. 8–18, Juli/Aug. 8–22 Uhr*

Korallenriffe vor Eilat: nur angucken, nicht anfassen

SKIFAHREN

Das einzige Skigebiet Israels befindet sich an den Nordosthängen des Hermon-Gebirges, in 1600–2100 m Höhe. Es liegt ca. 65 km von Tiberias entfernt. Vom *Hermon* hat man einen einzigartigen Blick über die Golan-Höhen und über Galiläa. In der Skisaison (Mitte Dezember bis Mitte März) liegt meist schwerer Nassschnee an den oberen Hängen, manchmal sogar bis zu 2 m. Die Lifte laufen von 8.30 bis 15.30 Uhr, die Abfahrten haben unterschiedliche Schwierigkeitsgrade, der längsten folgt man auf 2,5 km. Zentrum des Skigebiets ist der *Moshav Neve Ativ (Ramat Ha Golan | Tel. 04 6 98 58 88)*; hier können Sie sich auch telefonisch nach den Schneebedingungen in der Region erkundigen. Wer über Nacht bleiben möchte, findet Unterkunft im Gästehaus des nahe gelegenen *Kibbuz Manarah* oder – etwas weiter entfernt – in den Gästehäusern der *Kibbuzim Vered HaGalil* und *Kfar Hanassi (28 Apts. | Tel. 04 6 91 48 70 | www.k-hanassi.org.il)*.

TAUCHEN

Als ideale Tauchzeiten im Mittelmeer gelten die Monate September bis Dezember und März bis Mai. Die Sichtweite beträgt bei ruhigem Wasser an einem schönen Tag durchschnittlich 10 m, der Tidenhub misst durchschnittlich 30 cm, die Wassertemperaturen liegen bei 16 Grad im Februar und bei 27 Grad im August. Tauchauskünfte und -möglichkeiten in Tel Aviv, entlang der Küste und im antiken Hafen von Caesarea: *Scuba Dive Israel (Tel. 054 4 94 65 23 | www.scubadiveisrael.com)*; Tauchfahrten zu den Gordon Caves vor der Küste Tel Avivs bei *Dive Tel Aviv (Tel. 054 6 62 70 44 | www.divetelaviv.com)*. Um einiges aufregender ist natürlich ein Tauchgang im Roten Meer bei Eilat. Hier können Sie immer bunten Fischen begegnen. Tauchen ist von Land und vom Boot aus möglich. Es gibt keine gefährlichen Wellen oder Meeresströmungen, die Gezeiten sind kaum spürbar. Die Sichtweite liegt bei 15 bis 40 m, manchmal sogar darüber. Das Revier verfügt über ausgeschilderte Unterwasserpfade. Schnorchel kann man leihen. Auskünfte und Möglichkeiten in Eilat: *Shulamit's Eilat Diving Adventures (Ha Tsaftsefa St. | Tel. 054 4 75 85 25 | www.shulamit-diving.com)*; *U-Dive (Coral Beach | Tel. 08 6 37 60 15 | www.u-dive.org)*; *Aqua-Sport (Tel. 08 6 33 44 04 | www.aqua-sport.com)*, die größte und älteste Tauchschule unterhält Basen in Eilat und Taba (Sinai-Halbinsel).

TENNIS

Tennis ist beliebt in Israel. Das *Israel Tennis-Center* in Ramat HaSharon im Norden Tel Avivs z. B. hat 16 Allwetter-Plätze mit Flutlicht und Übungswänden; es gibt preisgünstigen Tennisunterricht. *Kafar Hayarkon Junction | Tel. 03 6 45 66 66 | www.israeltenniscenter.com*

WANDERN

Die INSIDER TIPP israelischen Naturfreunde *(SPNI – Society for the Protection of Nature in Israel | So–Do 9–14, Fr 8–13 Uhr | Nahlat Binyamin St. 85 | Tel Aviv | Tel. 03 6 38 86 88 | natureisrael.org)* bieten ein- und mehrtägige Wanderungen in besonders schönen, entlegenen Gebieten an, so im Negev, am Toten Meer und in Galiläa. Auf dem Jesus- und dem Israel-Trail *(www.jesustrail.com)* kann man das ganze Land duchwandern, alle Passagen sind ausgeschildert.

WELLNESS

Schon in der Antike galt das Tote Meer als Ort für Heilbehandlungen. Wegen der sauerstoffreichen, pollenfreien Luft und der bei Hautkrankheiten, Rheuma und Arthritis heilenden Wirkung des mineralreichen Wassers hat sich vor allem En Boqeq zu einem Heilbad mit modernen Kureinrichtungen entwickelt. Auch in Haifa und seinen traditionsreichen Hamams können Sie Kräuter schnuppern und in der Dampfsauna schwitzen. In vielen Luxushotels haben in den letzten Jahren Wellnesstempel eröffnet, die sich mit ihren Angeboten überbieten. Ihr Plus: die hohe Qualität an Dienstleistungen zu relativ günstigen Preisen. Wer im Dschungel von Ayurveda, Feng Shui, Vipassana und Qi Gong nach Orientierung sucht, informiert sich auf der Website *www.wellnessverband.de*.

WIND- & KITESURFEN

In allen Badeorten entlang der Mittelmeerküste und in Eilat befinden sich Surfcenter, die Ausrüstungen vom Brett bis zu den Surfschuhen verleihen und zum Teil auch Unterricht geben. Die Variante des Kitesurfens hat bisher nur in Tel Aviv Einzug gehalten. Man trifft die „Kiters" an zwei Strandabschnitten, an denen man sich auch professionell unterweisen lassen kann: *Surf Point (nördl. des Dolphinariums)* und *Sea Center (Hilton Beach)*. Infos über Windverhältnisse: *short.travel/isr7*

MIT KINDERN UNTERWEGS

In Israel ist man touristisch auf Kinder vorbereitet, denn israelische Familien mit Kindern reisen gern im eigenen Land. Deshalb gibt es überall biblische Zoos, in den Schwimmbädern überdimensionierte Wasserrutschen und in den Restaurants Kinderteller. Die Kibbuzim verfügen über gute Spielanlagen, ein Schwimmbad, und ihre Kindergärten betreuen auch den Nachwuchs der Gäste. Entlang der Mittelmeerküste gibt es ein halbes Dutzend Städte, an deren Stränden eigene Abschnitte mit Spielgeräten warten. Besonders vorbildlich sind Tel Aviv, Netanya und Nahariya.

In Tel Aviv gibt es nicht nur einen langen Strand mit professionellen „Baywatchern", sondern für die ganz Kleinen auch an vielen Ecken sehr schöne öffentliche Spielplätze auf den Boulevards und in den Parks wie z. B. in den Parks Hayarkon und Gan Meir. Und die Museen der Stadt haben spezifische Kulturangebote für die Kleinen.

DIE MITTELMEERKÜSTE

CHILDREN'S MUSEUM

(132 B1) *(C–D6)*

Für alle, die Spaß an Technik haben: Hier sollen (!) die Kinder von 4 bis 12 alles anfassen und Versuche selbst durchführen. Kinder unter 9 Jahren müssen in Begleitung eines Erwachsenen kommen. *So–Di, Do 9 u. 11.30, Mi 17–20, Sa u. feiertags 9.30–13 Uhr | Mifratz Shlomo St. 1 | Peres Park in Holon | Tel Aviv | www.childrensmuseum.org.il | Eintritt 65 NIS*

KIDS AT THE MUSEUM

(130 A6) *(C6)*

Tel Avivs größtes Kunstmuseum, das *Tel Aviv Museum of Art,* bietet für Kinder Führungen an. In einer kleinen Zirkusschule werden kleine Zirkuskunststücke erlernt. Während der Sommermonate veranstaltet das Museum verschiedene Halbtagsprogramme für Kinder zwischen 6 und 16 Jahren. *Sa, Mo, Mi 10–18, Di, Do 10–22, Fr 10–14 Uhr | King Saul St. 27 | www.tamuseum.com, www.ilmuseums.com | Eintritt 25 NIS, Kinder frei*

INSIDER TIPP MINI-ISRAEL

(132 C2) *(D6)*

Was die ganze Familie interessieren wird: Zwischen Tel Aviv und Jerusalem, auf Höhe von Latrun, hat der Kibbuz Tzora auf einem Freigelände ein kleines Israel im Maßstab 1:25 mit seinen Städten und ihren bedeutenden Bauwerken erbaut. Auch wenn das Gelände in die

Die Spielekonsole zu Hause vergessen? In Israel wird sie der Nachwuchs beim Baden und bei Höhlenwanderungen nicht vermissen

Jahre gekommen ist: Sie erleben Israel als Gulliver im Land der Liliputaner. *Sept.–Juni 10–17, Juli–Aug. 17–22, Fr immer 10–14 Uhr | Kibbuz Tzora | www.minisrael.co.il | Eintritt 79 NIS, Kinder 59 NIS, Audioguide 10 NIS*

DER NORDEN

AQUAKEF (131 D3) *(🕮 E3)*
Im AquaKef („Wasserspaß") am See Genezreth gibt es alles, was schwimmen und nass werden kann: Rutschen, Reifen, Fontänen, Sprungbretter, Plastikinseln, und mehr, als Ihre Kinder an einem Tag bewältigen können. *So–Fr 9–17 Uhr | Ganim Beach | www.aquakef.com*

JERUSALEM

HÖHLEN BEI BEIT GUVRIN (0) *(🕮 0)*
Bewandern Sie mit abenteuerlustigen Kindern die Höhlen bei Beit Guvrin südlich von Jerusalem. Lichtdurchflutete Kulissen wie aus dem Märchenfilm! *April–Sept. 8–17, Okt.–März 8–15 Uhr | Eintritt 27 NIS*

BLOOMFIELD SCIENCE MUSEUM (0) *(🕮 0)*
Ein Tummelplatz für jungen Einsteins, der Zugang zu vielfältigen und attraktiven Experimenten ermöglicht. *Mo–Do 10–18, Fr 10–14, Sa 10–16 Uhr | Ruppen Blvd. | Givat Ram | Hebrew University | www.mada.org.il | Eintritt 45 NIS (ab 5 Jahre)*

THE JERUSALEM BIBLICAL ZOO (0) *(🕮 0)*
Alle Tiere der Bibel versammeln sich in diesem „Biblical Zoo" am Rand Jerusalems. Mithilfe einer Karte durchstreifen Sie die schöne Parkanlage mit Hügeln und Wasserfällen und lernen dabei viel über die Arche Noah und ihre Gäste. Besonders eindrucksvoll: der Tigerclub mit vielen Tigerbabys. *So–Do 9–18, Fr 9–16.30, Sa 10–18 Uhr | Manhat, nahe Malha Mall | Bus 26, 33, 99 | www.jerusalemzoo.org.il | Eintritt 50 NIS*

EVENTS, FESTE & MEHR

EVENTS & NEWS
→ S. 2/3

Irgendwie haben Israelis immer etwas zu feiern – Laubhüttenfest, Purim, Unabhängigkeitstag. Und wenn gerade nichts ansteht, gibt es immerhin jede Woche den heiligen Shabbat, an dem die ganze Familie zusammenkommt. Für die Muslime ist der Freitag der wöchentliche Feiertag. Das spüren Touristen im arabischen Teil Jerusalems, in Jaffa und in den besetzten Gebieten.
Der jüdische Kalender basiert auf dem Mondzyklus, wird aber durch Schaltmonate dem Sonnenjahr angepasst, sodass das jüdische Jahr im Herbst beginnt und die Feiertage immer in die gleiche Jahreszeit fallen. Im Staat Israel sind die hohen jüdischen Feiertage auch gesetzliche Feiertage. Alle Feiertage beginnen am Abend zuvor bei Sonnenuntergang.

JÜDISCHE FESTE

ROSH HA SHANAH

Die jüdische Zeitrechnung beginnt mit der Schöpfung der Welt im Jahre 3761 v. Chr.; INSIDER TIPP **Rosh Ha Shanah** („Kopf des Jahres") ist 2019 daher für fromme Juden der Start für das Jahr 5780. In den Synagogen wird an Neujahr das ***Shofar*** (gebogenes Horn des Widders) geblasen. Zu den traditionellen Speisen des Fests gehören Honigkuchen, Weintrauben und in Honig getauchte Apfelscheiben als Hoffnung auf ein „gutes, süßes Jahr". *30. Sept. 2019, 19. Sept. 2020, 8. Sept. 2021*

YOM KIPPUR

Der heiligste Feiertag der Juden, der Tag der Versöhnung, des Gebets und ein Tag der Ruhe. Religiöse Juden fasten 24 Stunden und die anderen genießen die öffentliche Stille – an diesem Tag geht nichts. *9. Okt. 2019, 28. Sept. 2020, 16. Sept. 2021*

SUKKOTH

In Erinnerung an die Wüstenwanderung der Kinder Israels wohnen fromme Juden dann in Hütten aus Zweigen und Palmwedeln in ihren Vorgärten oder auf ihren Balkons. Weniger fromme Juden campieren mit am Strand – manchmal inklusive Kühlschrank, Sofa und kompletten Soundsystems. *14. Okt. 2019, 3. Okt. 2020, 21. Sept. 2021*

CHANUKKAH

Lichterfest zur Erinnerung an die Reinigung des Tempels 167 v. Chr. durch Judas Makkabäus. 7 Tage lang wird an jedem Tag eine Kerze angesteckt. *Ab 23. Dez. 2019, ab 11. Dez. 2020, ab 29. Nov. 2021*

Drei Religionen, unzählige Feiertage. Vor allem die jüdischen bestimmen den Kalender – mit Straßenpartys und Campen am Strand

INSIDER TIPP PURIM

Man gedenkt mit Umzügen, Verkleidung und viel Alkohol der Rückkehr aus der Babylonischen Gefangenschaft. Besonders schön: die Straßenpartys in Jerusalem. *21. März 2019, 10. März 2020, 26. Feb. 2021*

PESSACH (PASSAH, PASSOVER)

Das einwöchige, freudige Familienfest zur Erinnerung an den Auszug aus Ägypten. Decken Sie sich zuvor mit Brot ein – außer Mazzen gibt es in dieser Zeit keine Backwaren zu kaufen! *Ab 20. April 2019, ab 9. April 2020, ab 28. März 2021*

YOM HA SHOA

Holocaust-Gedenktag. *23. April 2017, 12. April 2018, 1. Mai 2019*

YOM HA ATZMAUT

Der Tag, an dem am 14. Mai 1948 die Unabhängigkeit des Staates Israel ausgerufen wurde. Vor allem auf dem Rabin Square in Tel Aviv geht es hoch her. *10. Mai 2019, 29. April 2020, 15. April 2020*

SHAVOUT

Das Fest der Offenbarung Gottes, der an diesem Tag im Sinai den Kindern Israels die Zehn Gebote gab. *9. Juni 2019, 28. Mai 2020, 17. Mai 2021*

EVENTS

INSIDER TIPP MIDBURN

Ende Mai treffen sich ca. 8000 Menschen in der Wüste, um nach den Regeln des legendären Festivals Burning Man aus den USA zu feiern. *www.midburn.org/en*

ISRAEL FESTIVAL ★

Das größte Kulturereignis im Land: Drei Wochen im Mai und Juni gastieren ausländische Theater-, Tanz- und Musikensembles. *www.israel-festival.org.il*

JERUSALEM WINE FESTIVAL

Auf dem größten israelischen Weinfest werden vier Tage im August/September die besten Weine des Landes probiert und prämiert. *www.imj.org.il*

LINKS, BLOGS, APPS & CO.

LINKS & BLOGS

www.israelmagazin.de Das Magazin eines deutschen Journalisten für Individualreisende enthält viele gute Fotos der touristischen Highlights Israels und viele landeskundliche Hinweise

www.marcopolo.de/israel Ihr Online-Reiseführer mit allen wichtigen Informationen, Highlights und Tipps, interaktivem Routenplaner, spannenden News & Reportagen sowie inspirierenden Fotogalerien

www.artbeat.co./il/Eng Infoseite rund um Kunst und Handwerk in Israel, mit Hinweisen zu aktuellen Ausstellungen, Vernissagen und wo es Kunst zu kaufen gibt

www.secrettelaviv.com Englischsprachige Internet-Community – hier werden Tipps gegeben, Wohnungen untervermietet, Partner und Jobs gesucht, alte Kleidungsstücke verkauft oder Mitfahrgelegenheiten angeboten

www.haifatrail.com Der 70 km lange Wanderweg führt durch ganz Haifa an der Küste entlang, durch Wälder und über Straßen, mit Informationen über die Stadt und ihre Sehenswürdigkeiten

www.972mag.com Das Magazin, das von hochrangigen Redakteuren (u. a. der Ha'aretz, der Jerusalem Post und des Calcalist) verantwortet wird, zielt auf die unabhängige Information und Analyse politischer Ereignisse und Entwicklungen im Land

www.al-monitor.com In diesem Nachrichtenformat widmen sich führende Intellektuelle aus dem gesamten Nahen Osten den guten sowie schlechten Seiten ihrer Region

www.timeout.com/israel Wenn Sie wissen wollen, welches Restaurant gerade eröffnet, wer gerade wo angesagt ist oder welches Konzert ansteht, werfen Sie einen Blick in das Magazin der Stadt

Egal, ob für Ihre Reisevorbereitung oder vor Ort: Diese Adressen bereichern Ihren Urlaub. Da manche sehr lang sind, führt Sie der short.travel-Code direkt auf die beschriebenen Websites. Falls bei der Eingabe der Codes eine Fehlermeldung erscheint, könnte das an Ihren Einstellungen zum anonymen Surfen liegen

short.travel/isr2 Das Forum für die Expats, die in Tel Aviv ihr Leben aufbauen, geht den Fragen nach: Wie findet man Freunde in der Stadt? Was macht man am Wochenende? Im Forum tauschen sich die Mitglieder über diese und andere Fragen aus

VIDEOS & MUSIK

short.travel/isr3 Israel aus der Vogelperspektive: In knapp fünf Minuten präsentiert die Seite auf einem „Rundflug" über das Land eindrucksvolle Bilder

short.travel/isr4 Porträt deutscher Juden, die während der Nazi-Herrschaft nach Palästina auswanderten. Eine Sendung der Deutschen Welle über die „Jeckes", ihren Beitrag zum Aufbau Israels und darüber, was sie an die nächste Generation weitergegeben haben und wie diese mit dem Erbe umgeht

ww.teder.fm/en Der Radiosender sendet online aus Tel Aviv. Das englische Angebot ist limitiert, aber Sie kann die kostenfreien Radio-Podcasts hören und erhalten Links zu bevorstehenden Events

APPS

AutoTel Das israelische Car-Sharing-Netz, falls Sie nicht ständig ein Auto mieten möchte, aber gerade in einer Viertelstunde nicht verzichten können

Israel Tourism Kostenlos erhalten die Nutzer umfassende Informationen zu den touristischen Highlights. Mit GPS-Daten und Stadtplänen

Waze Ein Muss für den unabhängig Reisenden. Diese Navigationsapp made in Israel findet jeden Schleichweg und vermeidet alle Staus und Blitzer – nichts ist in Israel effektiver

Spurensuche Kostenlose App des Goethe-Instituts, mit der die Nutzer auf Deutsch, Hebräisch und Englisch interaktiv über die deutschen Kulturspuren im Land und von erfolgreicher deutsch-israelischer Zusammenarbeit erfahren – von den Templern des vorletzten Jahrhunderts bis zum modernen Sonnenenergieprojekt in der Wüste

PRAKTISCHE HINWEISE

ANREISE

Linienmaschinen der *Lufthansa (www.lufthansa.de)* und der israelischen *El Al (www.elal.co.il)* fliegen mehrmals täglich von Frankfurt und München zum Ben Gurion International Airport bei Lod (25 km südöstlich von Tel Aviv und 50 km westlich von Jerusalem). Günstigere Flüge finden Sie von Berlin Schönefeld mit Easyjet. Eilat am Roten Meer wird aus Europa zurzeit nonstop von den Chartermaschinen der Tourismusveranstalter angeflogen. In der Nähe Eilats fliegt Ryanair außerdem den Flughafen Ovda von Berlin aus an. Weitere saisonale Flugangebote ab Deutschland mit *Israir (www.israirairlines.com)*. Flughäfen: *www.iaa.gov.il*. Vor dem Einchecken gibt es strenge Sicherheitskontrollen an den Flughäfen, deshalb muss man ca. 3 Stunden vor Abflug erscheinen. Die Flugzeit von Frankfurt/M. nach Tel Aviv beträgt 4,5 Std. Die Preise für Hin- und Rückflug beginnen bei 200 Euro.

GRÜN & FAIR REISEN

Auf Reisen können auch Sie viel bewirken. Behalten Sie nicht nur die CO_2-Bilanz für Hin- und Rückreise im Hinterkopf *(www.atmosfair.de; de.myclimate.org)* – etwa indem Sie Ihre Route umweltgerecht planen *(www.routerank.com)* – , sondern achten Sie auch Natur und Kultur im Reiseland *(www.gate-tourismus.de)*. Gerade als Tourist ist es wichtig, auf Aspekte wie Naturschutz *(www.nabu.de; www.wwf.de)*, regionale Produkte, wenig Autofahren, Wassersparen und vieles mehr zu achten. Wenn Sie mehr über ökologischen Tourismus erfahren wollen: europaweit *www.oete.de*; weltweit *www.germanwatch.org*

AUSKUNFT

STAATLICHES ISRAELISCHES VERKEHRSBÜRO

Auguste-Viktoria-Str. 74–76 | 14193 Berlin | Tel. 030 2 03 99 70 | info@goisrael.de | www.goisrael.de

Das Büro ist auch für Österreich und die Schweiz zuständig. Kein Besucherbüro: allgemeine Fragen rund um das Reiseziel Israel und Anforderung von kostenlosem Infomaterial nur über E-Mail. Zur aktuellen Sicherheitslage: *Auswärtiges Amt der Bundesrepublik Deutschland | www.auswaertigesamt.de*

Informative Internetadressen für die Vorbereitung Ihres Urlaubs bietet: *berlin.mfa.gov.il* (Seite der israelischen Botschaft in Deutschland mit allgemeinen sowie politischen und wirtschaftlichen Informationen)

AUTO

Autofahren in Israel macht Spaß: Die Straßen sind gut ausgebaut, das Straßennetz im Land ist sehr dicht. Es bestehen Anschnallpflicht und Tempolimits (50 km/h in Ortschaften, 80 km/h auf Landstraßen, 90 km/h auf Autobahnen). Die Promillegrenze liegt bei 0,0. Die Straßen- und Hinweisschilder sind meist dreisprachig. Anhalten und parken ist an den blau-weißen Bordsteinmarkierungen erlaubt, an den rot-weißen

Von Anreise bis Zoll

Urlaub von Anfang bis Ende: die wichtigsten Adressen und Informationen für Ihre Israel-Reise

verboten, an den gelb-roten wird sofort abgeschleppt.
Pannen- und Abschleppdienst leistet der israelische Automobilclub *MEMSI (Zentrale: Memsi House | Harakevit St. 20 | Tel Aviv | Tel. 03 5 64 11 11 | www.memsi.co.il).*

BAHN

In Israel reisen die meisten per Bus oder Auto. Aber es gibt auch ein bescheidenes Eisenbahnnetz. Züge fahren von Tel Aviv entlang der Küste nach Norden über Haifa nach Akko bzw. nach Süden bis Ashdod. Man kann auch von Tel Aviv hinein in den Negev bis Beersheva und Dimona oder von Tel Aviv nach Jerusalem fahren. Diese Züge verkehren zwischen neuen modernen Stationen außerhalb der Innenstädte. Dabei ist es ein Erlebnis, 800 Höhenmeter zu überwinden. *Abfahrt Tel Aviv: Al Parashut Derachim Savidor Center St., Abfahrt Jerusalem: Neuer Bahnhof, Yitzhak Modai, Malcha | Fahrpläne und Preise unter www.rail.co.il*

BANKEN & WÄHRUNG

In Israel bezahlt man mit Schekel, amtlicher Name: „New Israeli Shequel" (NIS). Ein Schekel ist unterteilt in 100 Agorot. Der Wechselkurs zum Euro hängt von dem des US-$ zum Euro ab; Gleiches gilt für den Kurs des Schweizer Franken (Mai 2018: 1 CHF = 3,6 NIS).
Geld wechseln Banken, Hotels, Postämter (günstig) oder Geldwechselstuben, z. B. am *Damaskustor* in Jerusalem (besonders günstig) oder auf der Allenby Street in Tel Aviv. Die Banken sind *Sa–Do 8.30–12.30 u. 16–17.30, Fr 8.30–12 Uhr* geöffnet. NIS-Rücktausch ist bei der Ausreise bis zu 500 US-$ ohne Formalitäten in der Abflughalle möglich. Kreditkarten werden überall akzeptiert, mit EC-Karten (Maestro) kann man Schekel am Bankautomaten ziehen.

WÄHRUNGSRECHNER

€	NIS	NIS	€
1	4,21	1	0,24
3	12,64	5	1,19
5	21,07	10	2,37
10	42,13	25	5,93
25	105,34	40	9,49
40	168,54	90	21,36
70	294,94	200	47,47
90	379,21	300	71,20
150	632,02	700	166,13

BED & BREAKFAST

Im ländlichen Raum gibt es ca. 8000 Gästezimmer, die dank finanzieller Förderung durch den Tourismusminister eine ausgezeichnete Alternative zu Hotels sind. Übersicht, Lage und Preise: *www.zimmeril.com*

BUSSE

Busse sind das meistbenutzte und billigste Verkehrsmittel, sowohl innerstädtisch als auch über Land (eine Fahrt von Tel Aviv zum Ben-Gurion-Flughafen kostet z. B. ca. 25 NIS). Alle wichtigen Ortschaften werden von den grünen *Egged-Bussen (Petah Tikya | Bareket St. 4 | Tel Aviv | Tel. 03 6 94 88 88 | www.egged.co.il)* angefahren. Die für Tel Aviv zuständige Kooperative heißt *Dan (Tel. 03 63 94 44 |*

www.dan.co.il | 1 Fahrt in der Innenstadt: 5,90 NIS). Mit wenigen Ausnahmen verkehren die Busse von 5 bis 23.30 Uhr (außer am Shabbat). Infos in allen zentralen Busbahnhöfen *(Tahanal Merkasit)*.

DIPLOMATISCHE VERTRETUNGEN

DEUTSCHE BOTSCHAFT
Daniel Frish St. 3 | Tel Aviv | Tel. 03 6 93 13-13 | www.tel-aviv.diplo.de

HONORARKONSULATE DER BUNDESREPUBLIK DEUTSCHLAND
Hanassi Ave. 98 | Haifa | Tel. 04 8 38 14 08 | haifa@hk-diplo.de
Neviot St. 5 | Eilat | Tel. 08 6 37 51 53 | eilat@hk-diplo.de

VERTRETUNG IN DEN PALÄSTINENSISCHEN GEBIETEN
Mo–Fr 9–12 Uhr | Berlin St. 13 | Ramallah | Tel. 02 2 97 76 30 | www.ramallah.diplo.de

ÖSTERREICHISCHE BOTSCHAFT
Sason Hogi Tower | Abba Hillel St. 12 | Ramat Gan | Tel. 03 6 12 09 24 | www.bmeia.gv.at/botschaft/Tel-Aviv

SCHWEIZER BOTSCHAFT
Hayarkon St. 228 | Tel Aviv | Tel. 03 5 46 44 55 | www.eda.admin.ch/telaviv

EINREISE

Schweizer und Österreicher brauchen kein Visum, Deutsche nur, wenn sie vor 1928 geboren wurden; alle benötigen einen mindestens noch sechs Monate gültigen Reisepass.
Wollen Sie später in arabische Länder (außer Ägypten und Jordanien) reisen, dürfen sich in Ihrem Pass keine israelischen Eintragungen befinden. Damit Sie keinen israelischen Stempel im Pass haben, erhält jeder Reisende jetzt eine Einreisekarte *(Border Control Glearance)*, die unbedingt bis zur Ausreise aufbewahrt werden muss. Ein israelischer Einreisestempel im Pass ist dann nicht mehr nötig. Befinden sich Einreisestempel von Besuchen in arabischen Ländern im Pass, müssen sie mit zeitraubenden Befragungen rechnen. Gegebenenfalls besorgt man sich einen zweiten Pass. Ausländische Touristen können jederzeit in die palästinensisch verwalteten Gebiete reisen, Israelis wird dies von der israelischen Regierung untersagt. Touristen dürfen drei Monate im Land bleiben. Eine Aufenthaltsverlängerung erhält man in allen großen Städten bei den *District Offices of the Ministry of the Interior.*

FKK

Textilfreies Baden, selbst „oben ohne", ist in der Öffentlichkeit nicht gestattet und man wird schief angeschaut.

GESUNDHEIT

Die medizinische Versorgung in Israel ist hervorragend. Alle Ärzte sprechen Englisch. Rechnungen sind von Ausländern sofort bar oder per Kreditkarte zu bezahlen, deshalb ist der Abschluss einer Auslandskrankenversicherung zu empfehlen. In der Praxis *Tel Aviv Doctor (Basel St 46 / Tel. 018 00 20 19 99 | www.telaviv-doctor.com)* ist man auf ausländische Patienten spezialisiert und spricht einwandfreies Englisch.

INTERNETCAFÉS & WLAN

Die WLAN-Ausstattung in Israel ist gut. Fast alle Hotels, christliche Hospize und Jugendherbergen bieten ihren Gästen Zugang zum Internet.

In Tel Aviv gibt es fast überall ein offenes City-WLAN-Netz – sogar am Strand; auch am Ben-Gurion-Flughafen kann man sich sofort kostenlos einloggen. In den Städten hat außerdem fast jedes Café einen Internetzugang.

JUGENDHERBERGEN

In Israel gibt es zurzeit 18 Jugendherbergen, die sich in der *Israel Youth Hostel Accociation (IYHA)* zusammengeschlossen haben. Eine Übernachtung inklusive Frühstück und Bettzeug kostet 15 bis 30 US-Dollar, es gibt immer auch Doppelzimmer. Keine Altersbegrenzung, Aufenthalt max. 21 Tage. Kein Jugendherbergsausweis erforderlich, er verhilft jedoch zu einem kleinen Preisnachlass. Anmeldungen: *IYHA | Binyanei Hamah, International Convention Center | Shazar St. 1 | Jerusalem | Tel. 02 5 94 55 00 | www.iyha.org.il*

KIBBUZ-GÄSTEHÄUSER

In allen Teilen des Landes findet man sogenannte Kibbuzhotels, meist Bungalowanlagen in schöner Umgebung, die zu einem Kibbuz gehören; in der Ausstattung sind sie vergleichbar mit guten Mittelklassehotels (€–€€). Infos und Reservierung: *Kibbutz Hotels Chain | P.O. Box 3193 | Smolanskin St. 1 | 61031 Tel Aviv | Tel. 03 5 24 61 61 | www.booking-kibbutz.com*

KLIMA & REISEZEIT

Israel ist eine Ganzjahresdestination. Aber das Klima variiert erheblich von Region zu Region, Jerusalem liegt 800 m hoch in den Bergen mit warmen, trockenen Sommern und kalten Wintern. Manchmal fällt dort sogar Schnee. Ansonsten sind die israelischen Winter mild, sowohl an der Mittelmeerküste als auch im Negev und in Eilat. In der Jordansenke und am Toten Meer sind die Sommer heiß und trocken. Wer nicht in erster Linie wegen der schönen Strände und des Badens nach Israel zu reisen beabsichtigt und es sich einrichten kann, sollte das Land im Hochsommer meiden. Dann wird es tagsüber bis zu 40 Grad heiß. März bis Mai sind die angenehmsten Reisemonate. Dann ist das Land grün, vieles in der Natur blüht, Baden ist schon möglich, die Tagestemperaturen erreichen 25 Grad.

MIETWAGEN

Erforderlich sind der nationale oder internationale Führerschein, der Pass und ein Mindestalter von 21 Jahren. Alle internationalen Anbieter unterhalten Niederlassungen am Flughafen Ben Gurion. In Tel Aviv liegen fast alle Autovermietungen auf der Hayarkon Street. Um auf der sicheren Seite zu sein, empfiehlt es sich, den Wagen schon vor Reiseantritt zu reservieren. Preiswert und zuverlässig ist z. B. *Auto Europe Deutschland (Tel. 0800 5 60 03 33 | www.autoeurope.de)*. Das Unternehmen arbeitet in Israel mit dem jeweils preiswertesten unter den zuverlässigen internationalen und örtlichen Verleihern zusammen. Versicherungsschutz eines in Israel gemieteten Wagens gilt nicht für die palästinensischen Gebiete. Ein Auto sollten Sie für eine solche Fahrt erst in Ostjerusalem anmieten.

NOTRUFE

Polizei: Tel. 100; Magen David Adom (Rotes Kreuz): Tel. 101; Feuerwehr: Tel. 102

POST

Ein weißer Hirsch auf rotem Grund ist das Kennzeichen der israelischen Postämter.

Geöffnet sind sie *So bis Do von 8.30 bis 12.30 u. 15.30 bis 18 Uhr, Fr 8.30 bis 12.30 Uhr.* Postkarten nach Europa kosten 7,40 NIS, Briefe ebenfalls ab 7,40 NIS.

STROM

220 Volt Wechselstrom gelten in Israel. Die Steckdosen im Land sind uneinheitlich, besser Sie nehmen einen Zwischenstecker mit.

TAXI

Taxis sind in Israel so teuer wie in Deutschland. Städtische Taxis haben Taxameter, deren Gebrauch Pflicht ist. Schlägt der Fahrer vor, diesen auszuschalten, ist es meist nicht zu Ihrem Vorteil. Trinkgeld wird angenommen. Fahrgäste haben ein Anrecht auf eine ausgedruckte Taxiquittung. Überlandstrecken haben feste Tarife, die Fahrer besitzen Preislisten, die Sie einsehen können – z. B. kostet eine Fahrt von Tel Aviv zum Ben-Gurion-Flughafen ca. 110–150 NIS.

Sherut-Taxis verkehren als zusätzliche Transportmittel innerhalb und zwischen den wichtigsten Städten. Diese Taxis fahren erst los, wenn genügend Fahrgäste Platz genommen haben. Bei Überlandstrecken fahren sie von den zentralen Busbahnhöfen ab.

TELEFON & HANDY

Telefonkarten (ab 20 NIS) für die wenigen öffentlichen Fernsprecher erhalten Sie bei jedem Postamt sowie in sehr vielen Geschäften.

WETTER IN TEL AVIV

	Jan.	Feb.	März	April	Mai	Juni	Juli	Aug.	Sept.	Okt.	Nov.	Dez.
Tagestemperaturen in °C	18	19	21	23	26	28	30	31	31	28	24	20
Nachttemperaturen in °C	8	9	11	13	16	19	21	22	21	17	14	11
☀	6	7	7	9	11	12	12	12	10	9	8	6
☂	10	8	8	2	0	0	0	0	0	4	6	10
≈	16	16	17	18	21	24	25	27	27	24	21	18

 ☀ Sonnenschein Stunden/Tag ☂ Niederschlag Tage/Monat ≈ Wassertemperaturen in °C

Deutsche Mobiltelefone funktionieren im ganzen Land. Wenn Sie länger bleiben, lohnt sich eine israelische Sim-Karte (mit israelischer Nummer). Die Schalter der verschiedenen Mobilanbieter liegen nebeneinander in der Ankunftshalle des Ben-Gurion-Flughafen.

Ländervorwahlen: *Deutschland 0049, Österreich 0043, Schweiz 0041, Israel 00972*

Innerhalb Israels muss bei nationalem Anruf in eine andere Region/Stadt die 0 der Vorwahl vor der siebenstelligen Festnetznummer mitgewählt werden. Von Deutschland aus entfällt nach der Landesvorwahl die 0.

TRINKGELD

In Israel ist Trinkgeld eine Selbstverständlichkeit. Nicht immer wird es in einer Restaurantrechnung aufgeführt. Wenn kein Trinkgeld im Preis eingeschlossen ist, wird es erwartet. Zwischen 10 und 15 Prozent sind angemessen.

VAT (VALUE ADDED TAX)

Im Preis aller in Israel erworbenen Waren sind 17 Prozent Mehrwertsteuer enthalten. Diese wird Touristen bei der Ausreise am Flughafen nach einer Ausfuhrbestätigung gegen Vorlage der Rechnung an einem Schalter der *Bank Leumi* erstattet, wenn der Warenwert höher als 50 US-Dollar ist (Gebühren: 5 US-Dollar, ab 100 US-Dollar 8 US-Dollar).

ZEIT

MEZ plus 1 Stunde. Die Sommerzeit wechselt nicht datumsgleich mit Europa, sondern entsprechend dem jüdischen Kalender, meist ist das aber zeitgleich zu Deutschland (Ende März und Ende Oktober). *www.zeitzonen.de/israel.html*

ZEITUNGEN

Von den rund zwei Dutzend israelischen Zeitungen sind die „Jerusalem Post" (konservativ) und „Ha'aretz" (linksliberal) die einzigen Tageszeitungen, die in Englisch erscheinen. Ha'aretz ist die einzige regierungskritische Zeitung; ihr liegt eine Beilage der US-amerikanischen „International Herald Tribune" bei. Die deutschsprachigen „Israel Nachrichten" sind eine Art landsmannschaftliches Organ der aus Deutschland emigrierten Juden.

WAS KOSTET WIE VIEL?

Snack	**4 Euro** *für eine Falafel plus Salat an der Straße*
Kaffee	**4 Euro** *für die Tasse im Restaurant*
Bier	**5 Euro**
Bus	**1,50 Euro** *für eine Stadtfahrt*
Benzin	**1,42 Euro** *für 1 l Super bleifrei*
Museum	**9 Euro** *für den Eintritt*

ZOLL

Nach Israel dürfen Sie mitbringen: Geschenke bis zu einem Wert von 200 US-$, 200 Zigaretten, 1 l Spirituosen, 10 Filme. Fleisch, Früchte und Waffen sind verboten. Aus Israel können Sie in die EU zollfrei einführen: z. B. 200 Zigaretten, 1 l Spirituosen, 50 g Parfum sowie Geschenkartikel bis zu einem Gesamtwert von 430 Euro. Für die Schweiz gelten andere Freimengen. *www.zoll.de*

SPRACHFÜHRER ENGLISCH

AUSSPRACHE

Zur Erleichterung der Aussprache sind alle englischen Wörter mit einer einfachen Aussprache (in eckigen Klammern) versehen. Folgende Zeichen sind Sonderzeichen:

θ hartes [s] (gesprochen mit Zungenspitze an der oberen Zahnreihe, zischend)

D weiches [s] (gesprochen mit Zungenspitze an der oberen Zahnreihe, summend)

' nachfolgende Silbe wird betont

ə angedeutetes [e] (wie in „Bitte")

AUF EINEN BLICK

ja/nein/vielleicht	yes [jäs]/no [nəu]/maybe [mäibi]
bitte/danke	please [plihs]/thank you [θänkju]
Entschuldigung!	Sorry! [sori]
Entschuldigen Sie!	Excuse me! [Iks'kjuhs mi]
Wie bitte?	Pardon? ['pahdn?]
Ich möchte .../Haben Sie ...?	I would like to ... [ai wudd 'laik tə]/ Have you got ...? ['Həw ju got?]
Wie viel kostet ...?	How much is ...? ['hau matsch is?]
gut/schlecht	good [gud]/bad [bäd]
kaputt/funktioniert nicht	broken ['brəukən]/doesn't work ['dasənd wörk]
Rechnung/Quittung	invoice [,inwois]/receipt [ri'ssiht]
alles/nichts	everything ['evriθing]/nothing [naθing]
Hilfe!/Achtung!/Vorsicht!	Help! [hälp]/Attention! [ə'tänschən]/Caution! ['koschən]
Krankenwagen	ambulance ['ämbjulənts]
Polizei/Feuerwehr	police [po'lihs]/fire brigade [faiə brigäid]
Verbot/verboten	ban [bän]/forbidden [fohr'biddän]
Gefahr/gefährlich	danger [deinschər]/dangerous ['deinschərəss]
Darf ich Sie/hier fotografieren?	May I take a picture of you? [mäi ai täik ə 'piktscha of ju?]/May I take pictures here? [mäi ai täik 'piktschas hihr?]
Gute(n) Morgen!/Tag!/ Abend!/Nacht!	good morning! [gud 'mohning]/afternoon! [aftə'nuhn]/evening! [,ihwning]/night! [nait]
Hallo!/Auf Wiedersehen!	Hello! [hə'ləu]/Goodbye! [gud'bai]
Tschüss!	Bye! [bai!]

Do you speak English?

„Sprichst du Englisch?“ Dieser Sprachführer hilft Ihnen, die wichtigsten Wörter und Sätze auf Englisch zu sagen

Ich heiße ...	My name is ... [mai näim is]
Wie heißen Sie?	What's your name? [wots jur näim?]
Wie heißt du?	What's your name? [wots jur näim?]
Ich komme aus ...	I'm from ... [aim from ...]
heute/morgen/gestern	today [tə'däi]/tomorrow [tə'morəu]/yesterday ['jästədäi]
Stunde/Minute	hour ['auər]/minutes ['minəts]
Tag/Nacht/Woche	day [däi]/night [nait]/week [wihk]
Monat/Jahr	month [manθ]/year [jiər]
Ich habe ein Zimmer reserviert.	I have booked a room. [ai häw buckt ə ruhm]
nach vorne/zum Meer	forward [fohwəd]/to the sea [tu Də sih]
Schlüssel/Zimmerkarte	key [ki]/room card ['ruhm kahd]
Gepäck/Koffer/Tasche	luggage ['laggətsch]/ suitcase ['sjutkäis]/bag [bäg]
Wie viel Uhr ist es?	What time is it? [wət 'taim is it?]
Es ist drei Uhr.	It's three o'clock. [its θrih əklok]

HEBRÄISCH

Ja./Nein.	ken./lo.	כן./לא.
Bitte./Danke.	bewakascha./toda.	בבקשה.
Entschuldigung!	slicha!	סליחה.
Guten Tag!	schalom!	שלום !
Auf Wiedersehen!/Tschüss!	lehitraot!/lehit!	להחראות להחי !
Mein Name ist ...	schmi ...	שמי ...
Ich verstehe Sie/dich nicht.	eineni mewin/a otcha.	אינני מבין/נהאוחך.
Wie viel kostet es?	kama se ole?	כמהזהעולה?
Wie viel Uhr ist es?	ma hascha-a?	מההשעה?
Ich möchte ...	ani mewakesch ...	אני מבקש ...
Das gefällt mir (nicht).	se (lo) motze chen be einei.	וה(לא) מוצאהן בעיני.
Wo finde ich ...?	heichan yesch ...	היכן יש ...?

0	efes	אפס	20	essrim	עשרים
1	achat/echad	אחת/אחר	21	essrim we-echad	עשרים ואחר
5	chamesch/chamischa	חמש/חמישה	100	me-a	מאה
10	esser/assara	עשר/עשרה	101	me-a we-echad	מאהואחר

UNTERWEGS

offen/geschlossen	open ['oupän]/closed ['klousd]
Abfahrt/Abflug/Ankunft	departure [dih'pahtschə]/departure [dih'pahtschə]/ arrival [ə'raiwəl]
Toiletten/Damen/Herren	toilets ['toilət] (auch: restrooms [restruhms])/ladies ['läidihs]/gentlemen ['dschäntlmən]
(kein) Trinkwasser	(no) drinking water [(nou) 'drinkin 'wotər]
Wo ist ...?/Wo sind ...?	Where is ...? ['weə is?]/Where are ...? ['weə ahr?]
links/rechts	left [läft]/right [rait]
geradeaus/zurück	straight ahead [streit ə'hät]/back [bäk]
nah/weit	near [niə]/far [fahr]
Bus/Straßenbahn	bus [bas]/tram [träm]
U-Bahn/Taxi	underground ['andəgraunt]/taxi ['tägsi]
Haltestelle/Taxistand	stop [stap]/taxi stand ['tägsiständ]
Fahrplan/Fahrschein	schedule ['skädjuhl]/ticket ['tikət]
ein Auto/Tankstelle	a car [ə kahr]/petrol station [pätrol stäischən]

ESSEN & TRINKEN

Reservieren Sie uns bitte für heute Abend einen Tisch für vier Personen.	Could you please book a table for tonight for four? [kudd juh 'plihs buck ə 'täibəl for tunait for fohr?]
auf der Terrasse	outside [aut'said]/on the terrace [on Də 'täräs]
am Fenster	at the window [ät Də 'windəu]
Die Speisekarte, bitte.	The menue, please. [Də 'mänjuh plihs]
mit/ohne Eis/Kohlesäure	with [wiD]/without ice [wiD'aut ais]/gas [gäs]
Vegetarier(in)/Allergie	vegetarian [wätschə'täriən]/allergy ['ällədschi]
Ich möchte zahlen, bitte.	May I have the bill, please? [mäi ai häw De bill plihs?]

BANKEN & GELD

Bank/Geldautomat	bank [bänk]/ATM [äi ti äm] (auch: cash machine ['käschməschin])
Ich möchte ... Euro wechseln.	I'd like to change ... Euro. [aid laik tu tschäindsch ... iuhro]
bar/ec-Karte/Kreditkarte	cash [käsch]/ATM card [äi ti äm kahrd]/credit card [krädit kahrd]
Wechselgeld	change [tschäindsch]

GESUNDHEIT

Arzt/Zahnarzt/Kinderarzt	doctor ['doktər]/dentist ['däntist]/pediatrician [pidiə'trischən]
Krankenhaus	hospital ['hospitəl]
Fieber/Schmerzen	fever ['fihwər]/pain [päin]
Durchfall/Übelkeit	diarrhoea [daiə'riə]/nausea ['nohsiə]

Sonnenbrand	sunburn ['sanböhrn]
entzündet/verletzt	inflamed [in'fläimd]/injured ['indschəd]
Apotheke/Drogerie	pharmacy ['farməssi]/chemist ['kemist]
Schmerzmittel/Tablette	pain reliever [päin re'lihwər]/tablet ['täblət]

TELEKOMMUNIKATION & MEDIEN

Briefmarke/Brief	stamp [stämp]/letter ['lättər]
Postkarte	postcard ['pəustkahd]
Telefonkarte	phone card ['founkahd]
fürs Festnetz	for the fixed line network [fohr Də fikst lain 'nättwörk]
Ich suche eine Prepaid-karte für mein Handy.	I'm looking for a prepaid card for my mobile. [aim 'lucking fohr ə 'pripäid kahd for mai 'mobail]
Internetzugang	internet access ['internet 'äkzäss]
wählen/Verbindung/besetzt	dial ['daiəl]/connection [kə'nnäktschən]/busy [bisi]
Batterie/Akku	battery ['bättəri]/rechargeable battery [ri'tschahdschəbəl 'bättəri]
Internetanschluss/WLAN	internet connection ['internet kə'näktschən]/Wifi [waifai] (auch: Wireless LAN ['waərläss lan])
E-Mail/Datei/ausdrucken	email ['imäil]/file [fail]/ print [print]

FREIZEIT, SPORT & STRAND

Strand/Strandbad	beach [bihtsch]/lido ['lidəu]
Sonnenschirm/Liegestuhl	umbrella [am'bräla]/deckchair ['däcktschäər]
Ebbe/Flut/Strömung	low tide [lou taid]/flood [flad]/flow [flou]

ZAHLEN

0	zero ['sirou]	15	fifteen [fif'tihn]
1	one [wan]	16	sixteen [siks'tihn]
2	two [tuh]	17	seventeen ['säwəntihn]
3	three [θri]	18	eighteen [äi'tihn]
4	four [fohr]	19	nineteen [nain'tihn]
5	five [faiw]	70	seventy ['säwənti]
6	six [siks]	80	eighty ['äiti]
7	seven ['säwən]	90	ninety ['nainti]
8	eight [äit]	100	(one) hundred [('wan) 'handrəd]
9	nine [nain]	200	two hundred ['tuh 'handrəd]
10	ten [tän]	1000	(one) thousand [('wan) θausənd]
11	eleven [i'läwn]	2000	two thousand ['tuh θausənd]
12	twelve [twälw]	10 000	ten thousand ['tän θausənd]
13	thirteen [θör'tihn]	1/2	a/one half [ə/wan 'hahf]
14	fourteen [fohr'tihn]	1/4	a/one quarter [ə/wan 'kwohtə]

REISEATLAS

Verlauf der Erlebnistour „Perfekt im Überblick"
Verlauf der Erlebnistouren

Der Gesamtverlauf aller Touren ist auch in der herausnehmbaren Faltkarte eingetragen

 Bild: Jerusalem, Altstadt

Unterwegs in Israel

Die Seiteneinteilung für den Reiseatlas finden Sie auf dem hinteren Umschlag dieses Reiseführers

A
B
C
10 km
6.2 mi
1
2
3
4
5
6
Lemesos
MEDITERRANEAN
SEA
al-Ğanūbī
ṢŪR
Tyros
Ma'rakan
Kafr Sīr
Ṣrīfā
Ǧuwayyā
Qānā
AL-LUBNĀN
(LEBANON)
Yāṭar
Ḥāris
Šīḥīn
Bint Ǧ
an-Nāqūra
Yārīn
Rumays
Rosh HaNiqra
Kefar Rosh HaNiqra
Hanita
Mazzuva
Montfort
Sasa
Nahariyya
Me'ona
Ma'alot-Tarshiḥa
Shavé Ẓiyyon
Abu Sinān
Yirka
Loḥamé HaGeta'ot
'Akko
Judeida el Makr
Aḥihud
Rama
Karmi'el
Mifraz Hefa
Yodefat
Sakhnin
Qiryat Yam
Qiryat Motzkin
Qiryat Bialik
Tamra
'Arrāba
HEFA (HAIFA)
Shefar'am
Shrine of the Bāb
Qiryat Ata
Har Karmel
Nesher
Tirat Karmel
Qiryat Tiv'on
Zippori
Kafr
Bet Zayit
Isfiya
'En Hod
'Atlit
Nazerat (Nazareth)
Newé Yam
Daliyat el Karmil
Bet She'arim
Migdal Ha'Emeq
Naḥal Me'arot Caves
Yoqne'am 'Illit
Habur
Nahsholim
Dor
Elyakim
Kefar Barukh
'Afula 'Illit
'Afula
Fureidis
Tel Megiddo
Giv'at Ha
Zikhron Ya'aqov
Imām Ibrāhīm
Regavim
Umm el Fahm
Yizre'el
Jisr ez Zarqā
Or 'Aqiva
Binyamina
Kafr Qari
Rummāna
Galama
'Ar'ara
Ḥefar Qesari (Caesarea)
Sedot Yam
Karkur-Pardes Ḥanna
'Araqa
Kafr Dān
Ma'alé
Janin
Ḥadera
Bāqā el Gharbiya
Jalqa
Mikhmoret
Qabāṭiyah
az-Zāb
Jatt
'Arrāba
Bitan Aharon
Palestinian Territory
'Illār
Kefar Yona
Shuweika
NETANYA
Sīlat-ed-Dahr
Tayāsīr
Ṭūbās
Gannot Hadar
Ṭūlkarm
Shomeron (Sebaste)
Anabta
Qadima
Sabastiya
Shavé Shomeron
Har Kabbir
Tira
Ṭaiyiba
Dair Šaraf
Tel 'Arshaf
Kefar Sava
Qalqīlyah
Ra'anana
NĀBULUS (SHEKHEM)
Herzliyya
al-Funduq
Ramat HaSharon
'Azzūn
Hod HaSharon
West Bank
BENE BERAQ
PETAH TIQWA
Revava
Dair Istiya
Kafar Tappuah
'Aqraba
Ari'el
Biddyā
Mas-ha
Salfit
Migdallim
RAMAT GAN
TEL AVIV-YAFO
132

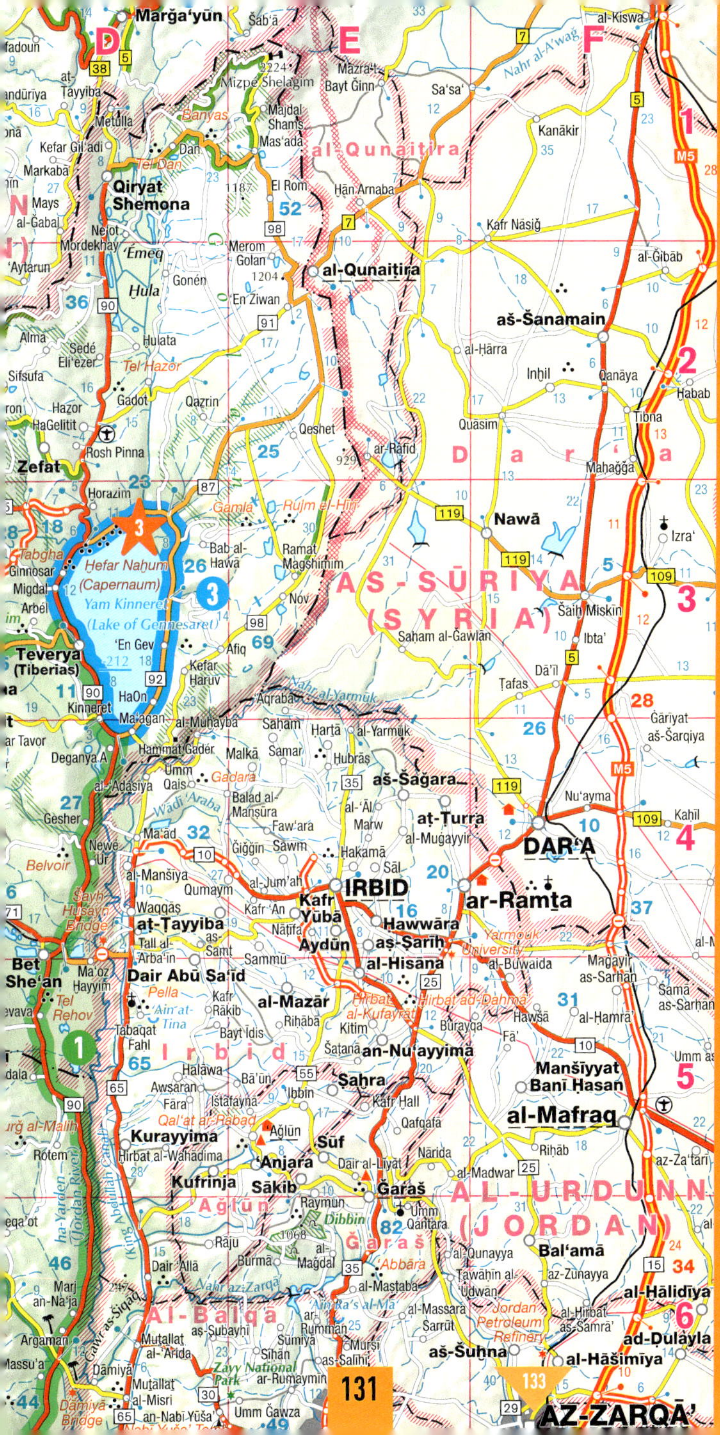
D
E
F
Marǧa'yūn
al-Kiswa
Metulla
Qiryat Shemona
Banyas
Mizpe Shelagim
Majdal Shams
Mas'ada
al-Qunaitira
Mazra'at Bayt Ǧinn
Sa'sa'
Kanākir
Nahr al-A'waǧ
Ḫān Arnaba
El Rom
Kafr Nāsiǧ
al-Ġibāb
al-Qunaiṭira
aš-Šanamain
Merom Golan
'En Ziwan
Tel Dan
Dan
Kefar Gil'adi
Markaba
Mays
al-Ġabal
Nejot
Mordekhay
'Emeq Ḥula
Gonén
'Aytarun
Alma
Sede Eli'ezer
Ḥulata
Tel Ḥazor
Sifsufa
Ḥazor HaGelitit
Gadot
Qazrin
Rosh Pinna
Zefat
Qeshet
ar-Rafid
al-Ḥarra
Inḫil
Qanāya
Ḫabab
Quāsim
Tibna
Mahaǧǧa
Dar'a
Horazim
Gamla
Rujm el-Hiri
Nawā
Izra'
Tabgha
Ḥefar Naḥum (Capernaum)
Ginnosar
Migdal
Arbel
Yam Kinneret (Lake of Gennesaret)
Bab al-Hawa
Ramat Magshimim
Nov
AS-SŪRIYA (SYRIA)
Šaiḫ Miskin
Ibta'
Saḥam al-Ǧawlān
'En Gev
Afiq
Teverya (Tiberias)
Kefar Haruv
Dā'il
Ṭafas
HaOn
Kinneret
Ma'agan
Nahr al-Yarmuk
'Aqraba
al-Muḫayba
Ḥammat Gadér
Saḥam
Samar
Malkā
Ḥartā
al-Yarmūk
Ḫubrāṣ
Ġāriyat aš-Šarqiya
ar Tavor
Deganya A
Umm Qais
Gadara
al-'Adasiya
aš-Šaǧara
Nu'ayma
Kaḥil
Gesher
Wadi 'Araba
Balad al-Manšūra
al-'Āl
Marw
aṭ-Ṭurra
al-Muǧayyir
Ma'ad
Faw'ara
Ǧiǧǧin
Sawm
Ḥakamā
Sāl
DAR'A
Belvoir
Newe 'Ur
al-Manšiya
Qumaym
al-Jum'ah
IRBID
Kafr Yūbā
Kafr 'An
Nāṭifa
Aydūn
Ḥawwāra
aš-Šariḥ
ar-Ramṯa
Yarmouk University
al-Buwaida
Maǧayir as-Sarḥān
Šamā as-Sarḥān
Šayḫ Ḥusayn Bridge
Waqqāṣ
aṭ-Ṭayyiba
Tall al-Arba'in
as-Samt
Sammū
al-Ḥisāna
Bet She'an
Ma'oz Ḥayyim
Tel Reḥov
Dair Abū Sa'īd
Pella
'Ain at-Tina
Kafr Rākib
al-Mazār
Riḥāba
Ḫirbat al-Kufayrat
Ḫirbat ad-Dahma
Burayqa
Ḫawšā
al-Ḥamrā'
Kitim
Bayt Idis
Ṭabaqat Faḥl
Irbid
Šaṭanā
an-Nu'ayyima
Fā'
Manšiyyat Banī Ḥasan
Umm
Ḥalāwa
Bā'ūn
Awsaran
Fāra
Istafayna
'Ibbin
Ṣaḥra
Kafr Hall
Qafqafā
al-Mafraq
Qal'at ar-Rabad
'Aǧlūn
Kurayyima
Ḫirbat al-Wahadima
'Anjara
Ṣūf
Nārida
Riḥāb
az-Za'tarī
Rotem
Dair al-Liyāt
Ǧaraš
al-Madwar
Kufrinja
Sākib
Raymūn
Umm Qantara
AL-URDUNN (JORDAN)
Dibbin
Ǧaraš
'Aǧlūn
ha-Yarden (Jordan River)
King Abdullah Canal
Rāju
Burmā
al-Maǧdal
Abbāra
al-Qunayya
Bal'amā
Ṭawāḥin al-'Udwān
az-Zunayya
al-Ḫālidīya
Dair 'Allā
Nahr az-Zarqā'
al-Mastaba
al-Massara
Marj an-Na'ja
Al-Balqā
'Ain Ra's al-Mā'
ar-Rummān
Ṣarrūt
Jordan Petroleum Refinery
al-Ḫirbat as-Samrā'
ad-Ḍulayla
Argaman
Muṯallaṯ al-'Arida
as-Subayḥi
Sūmiya
Murṣi
as-Salihi
aš-Šuḫna
al-Hāšimiya
Massu'a
Dāmiyā
Zayy National Park
Sīḥān
ar-Rumaymin
Muṯallaṯ al-Misri
Dāmiyā Bridge
an-Nabi Yūša'
Umm Ǧawza
AZ-ZARQĀ'
Ġawr as-Ṣiqaq
133

A
B
C
130
10 km
6.2 mi
1
2
3
4
5
6
PETAH TIQV
TEL AVIV-YAFO
Giv'atayim
Qir. Ono
Yehud
BAT YAM
HOLON
Or Yehuda
Lubban
Qibyā
Harb
RISHON LE ZIYYON
Lod
Palmahim
Nes Ziyyona
Ramla
REHOVOT
Modi'in
MEDITERRANEAN
SEA
Yavne
Mazkeret Batya
Tel Mor
Gedera
Emaus
Latrun
ASHDOD
Revadim
Nahal Soreq
Mavki'im
Qiryat Mal'akhi
Tirosh
Bet Shemesh
Kefar Menahem
Bar G
Agur
Ramat Bet Shemesh
Berekhya
Negba
Li On
Zafririm
ASHQELON
Ozem
Tel Ashqelon
Nehora
Adderet
Yad Mordekhay
Qiryat Gat
Bet Guvrin
Me'arat Bet Guvrin
Bayt Hanīna
Helez
Even Shemu'el
Maresha
Lakhish
Tarqūmiya
ĠAZZA
Tel Hasi
Ahuzzam
Tel Lakhish
Idnā
Ado
Sederot
Amazya
Dūrā
ĞABALĪYA
Bayt Lahiya
Negohot
Yakhini
Nuṣeirāt
Sa'ad
Bet Qama
al-Majd
Harasa
Mabbu'im
Shomeriyya
Dair al-Balah
al-Bureij
Dūmā
Ġazza
Palestinian territory
Mugazi
Devira
ad-Dāhiriya
Netivot
Kissufim
Re'im
Rahat
Lahav
Tene
Shim'a
HAN YŪNIS
Bani Suheila
Berosh
Mishmar HaNegev
Nirim
Metar
Tall Rafah
Eshel HaNasi
Hura
Tel Yeshua'
RAFAH
Magen
Urim
Ofaqim
Rafah
'Omer
Sufa
Tel Be'er Sheva
Yesha
Hazerim
Nevatim
Kerem Shalom
Sadot
Nahal Be'er Sheva
Gevulot
Ze'elim
BE'ER SHEVA
Y I S R A '
I S R Ā
Horvot 'Aro'er
Horvot Haluza
Horvot Rehovot (BaNegev)
Revivim
Mash'abbe Sade
Ashalim
Yeroham
Oron
Horvot Haluqim
Nizzana
Kezzi'ot
Horvot Nizzana
Horvot Shivta
Sede Boqer
Midreshet Ben Gurion
'En 'Avedat
(Avdat) Horvot 'Avedat
Ğabal al-Sabha
'Ezuz
134

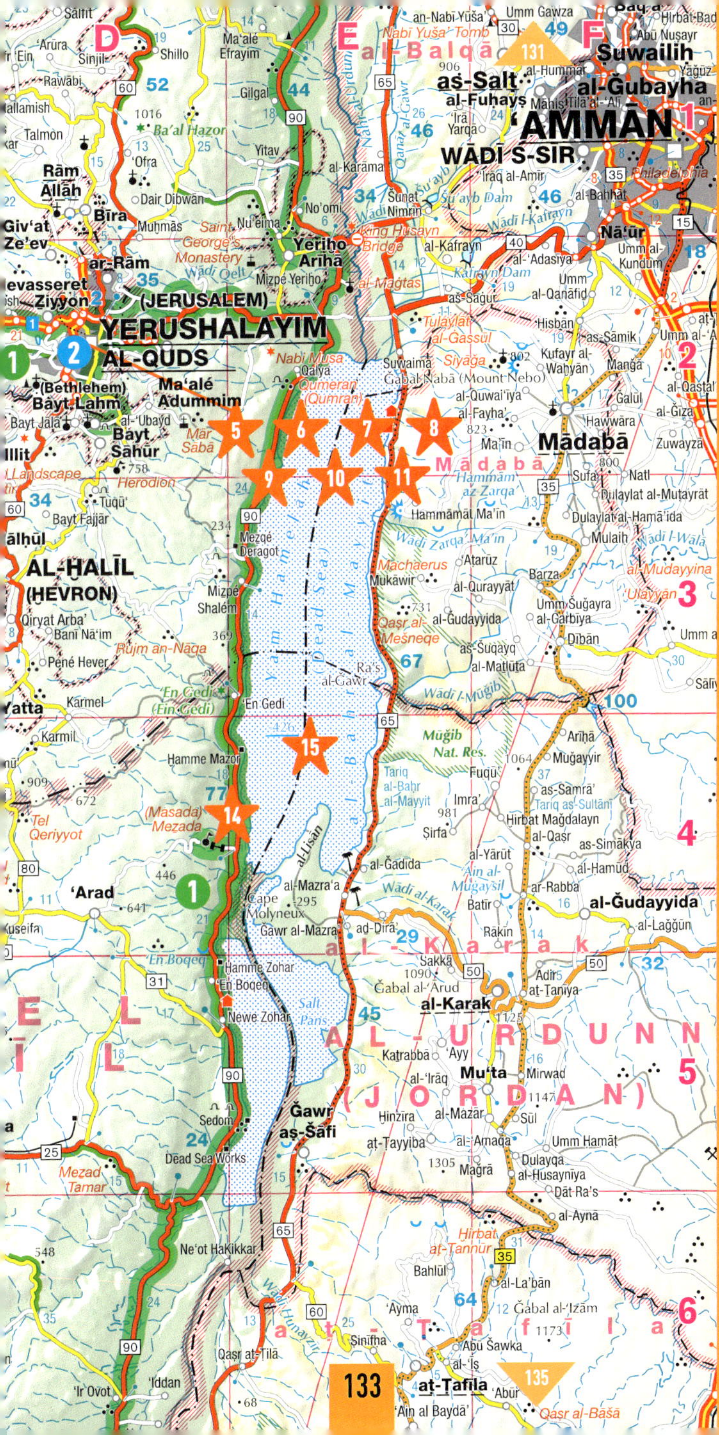
D
E
F
Salfit
'Arura
Sinjil
Shillo
Ma'ale Efrayim
Rawabi
Gilgal
al-Balqa
an-Nabi Yuša'
Nabi Yuša' Tomb
Umm Gawza
Hirbat-Bad
Abu Nusayr
Suwailih
Yağuz
al-Ğubayha
aṣ-Salt
al-Fuhays
Mahis
Tila' al-'Ali
'Ira
Yarqa
'AMMAN
WADI S-SIR
Philadelphia
Talmon
Ba'al Hazor
'Ofra
Yitav
al-Karama
Nahr al-Urdunn
Qanat al-Gawr
Šunat Nimrin
Wadi Šu'ayb
Šu'ayb Dam
'Iraq al-Amir
al-Bahhat
Wadi l-Kafrayn
Ram Allah
Bira
Dair Dibwan
No'omi
Nu'eima
Muhmas
Giv'at Ze'ev
Saint George's Monastery
Wadi Qelt
Yeriho Ariha
King Husayn Bridge
al-Kafrayn
Kafrayn Dam
al-'Adasiya
Na'ur
Umm al-Kundum
ar-Ram
Mizpe Yeriho
al-Maġtas
as-Sağur
Umm al-Qanafid
Mevasseret Ziyyon
(JERUSALEM)
YERUSHALAYIM
AL-QUDS
Tulaylat al-Ġassul
Hisban
as-Samik
Umm al-'A
Nabi Musa
Qalya
Qumeran (Qumran)
Suwaima
Siyaġa
Ğabal Naba (Mount Nebo)
Kufayr al-Wahyan
Manğa
al-Qastal
(Bethlehem) Bayt Lahm
Ma'ale Adummim
Bayt Jala
al-'Ubayd
Bayt Sahur
Mar Saba
al-Quwai'iya
al-Fayha'
Galul
Hawwara
al-Ġiza
Zuwayza
Ma'in
Madaba
Herodion
Hammam az-Zarqa'
Sufa
Natl
Dulaylat al-Mutayrat
Dulaylat al-Hama'ida
Mulaih
Wadi l-Wala
Tuqu'
Bayt Fajjar
Mezqe Deragot
Hammamat Ma'in
Wadi Zarqa' Ma'in
Machaerus
Mukawir
'Atarus
al-Qurayyat
Barza
al-Mudayyina
'Ulayyan
AL-HALIL (HEVRON)
Qiryat Arba'
Bani Na'im
Mizpe Shalem
Yam Hamelah
(Dead Sea)
al-Bahr al-Mayyit
Qasr al-Mešneqe
al-Ġudayyida
Umm Šuġayra al-Ġarbiya
Diban
Umm a
Rujm an-Naqa
Pene Hever
Ras al-Ġawr
as-Suqayq
al-Matluta
Salİ
Karmel
En Gedi (Ein Gedi)
Yatta
Wadi l-Muġib
Karmil
Muġib Nat. Res.
Ariha
Muġayyir
Hamme Mazor
Fuqu'
as-Samra'
Tariq as-Sultani
Tariq al-Bahr al-Mayyit
Imra'
Hirbat Maġdalayn
Širfa
al-Qasr
as-Simakiya
Tel Qeriyyot
(Masada) Mezada
al-Lisan
al-Ġadida
al-Yarut
al-Hamud
'Ain al-Muġaysil
ar-Rabba
'Arad
al-Mazra'a
Wadi al-Karak
Batir
al-Ġudayyida
Cape Molyneux
Kuseifa
Gawr al-Mazra'a
ad-Dira'
Rakin
al-Laǧǧun
al-Karak
En Boqeq
Hamme Zohar
En Boqeq
Sakka
Ğabal al-'Arud
Adir
at-Taniya
Newe Zohar
Salt Pans
AL-URDUNN (JORDAN)
Katrabba
'Ayy
Mu'ta
Mirwad
Sedom
Ğawr aṣ-Šafi
Hinzira
al-'Iraq
al-Mazar
Sul
Dead Sea Works
at-Tayyiba
al-Amaqa
Umm Hamat
Mezad Tamar
Maġra
Dulayqa
al-Husayniya
Dat Ra's
al-Ayna
Hirbat at-Tannur
Ne'ot HaKikkar
Bahlul
al-La'ban
Wadi Hunayzir
'Ayma
Ğabal al-'Izam
at-Tafila
Sinifha
Abu Šawka
Qasr at-Tila
al-'Is
'Iddan
'Ir Ovot
at-Tafila
'Abur
'Ain al Bayda'
Qasr al-Baša
131
135

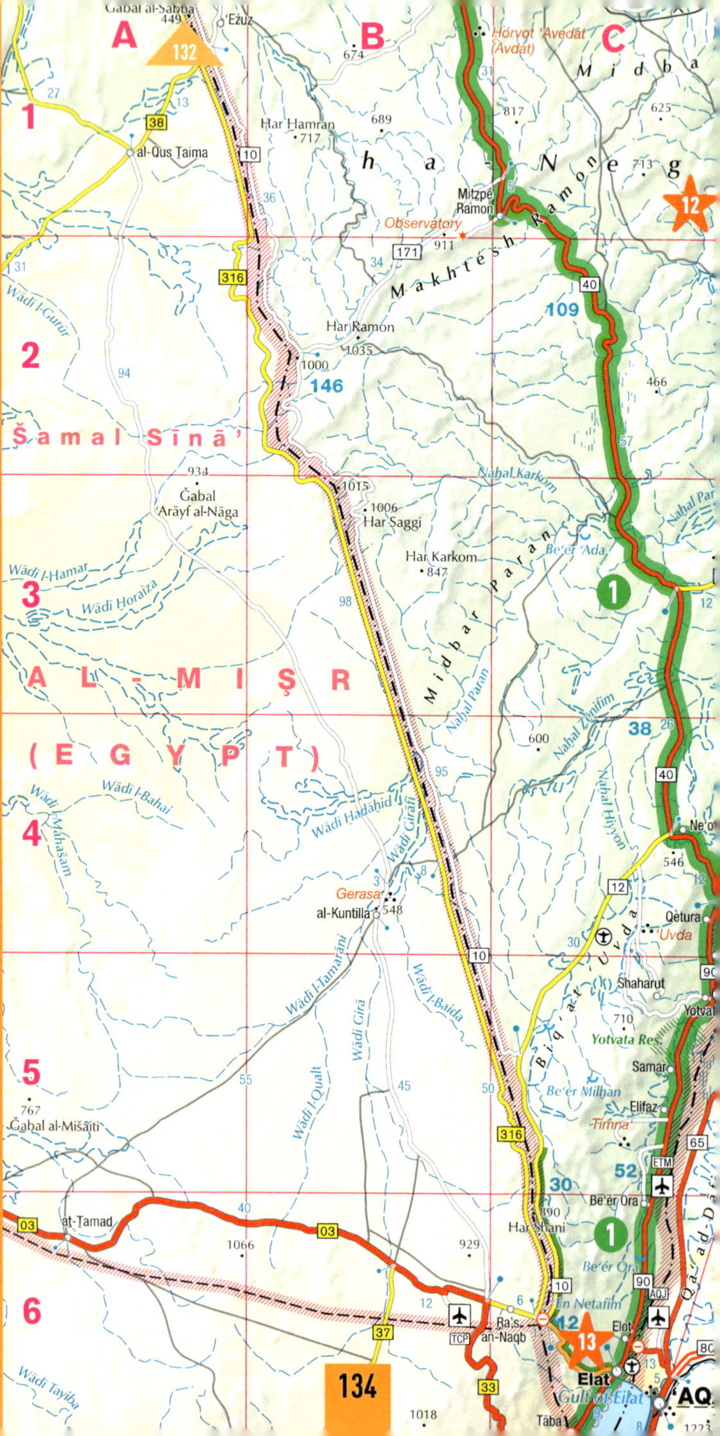
A
B
C
1
2
3
4
5
6
132
134
Ǧabal al-Sabḥa
449
'Ezuz
674
Horvot 'Avedat (Avdat)
Midba
ha-Negev
Har Hamran
717
689
817
625
713
al-Qus Ţaima
38
10
Mitzpe Ramon
Observatory
911
171
Makhtésh Ramon
40
109
316
Wādī l-Gurūr
Har Ramon
1035
1000
146
466
Šamal Sīnā'
94
934
Ǧabal 'Arāyf al-Nāga
1015
1006
Har Saggi
Nahal Karkom
Nahal Paran
Har Karkom
847
Be'er 'Ada
Midbar Paran
Wādī l-Hamar
Wādī Horaiza
98
AL-MIŞR
(EGYPT)
600
Nahal Zenifim
38
26
Wādī l-Bahai
Wādī l-Mahašam
Wādī Hadāhid
Wādī Girāfī
95
Nahal Hiyyon
Ne'ot
546
Gerasa
548
al-Kuntilla
Qetura
'Uvda
Biq'at 'Uvda
Shaharut
Yotvata
710
Yotvata Res.
Wādī l-Tamarānī
Wādī Girā
Wādī l-Baida
Wādī l-Qualt
55
45
50
Be'er Milhan
Samar
Elifaz
Timna'
65
52
30
767
Ǧabal al-Mišāiti
Be'er Ora
890
Har Shani
at-Tamad
03
1066
929
Be'er Ora
En Netafim
Ra's an-Naqb
37
12
13
Elot
Elat
Gulf of Eilat
Wādī Tayiba
33
Taba
1018
'AQ
Qā' ad-Dāfī

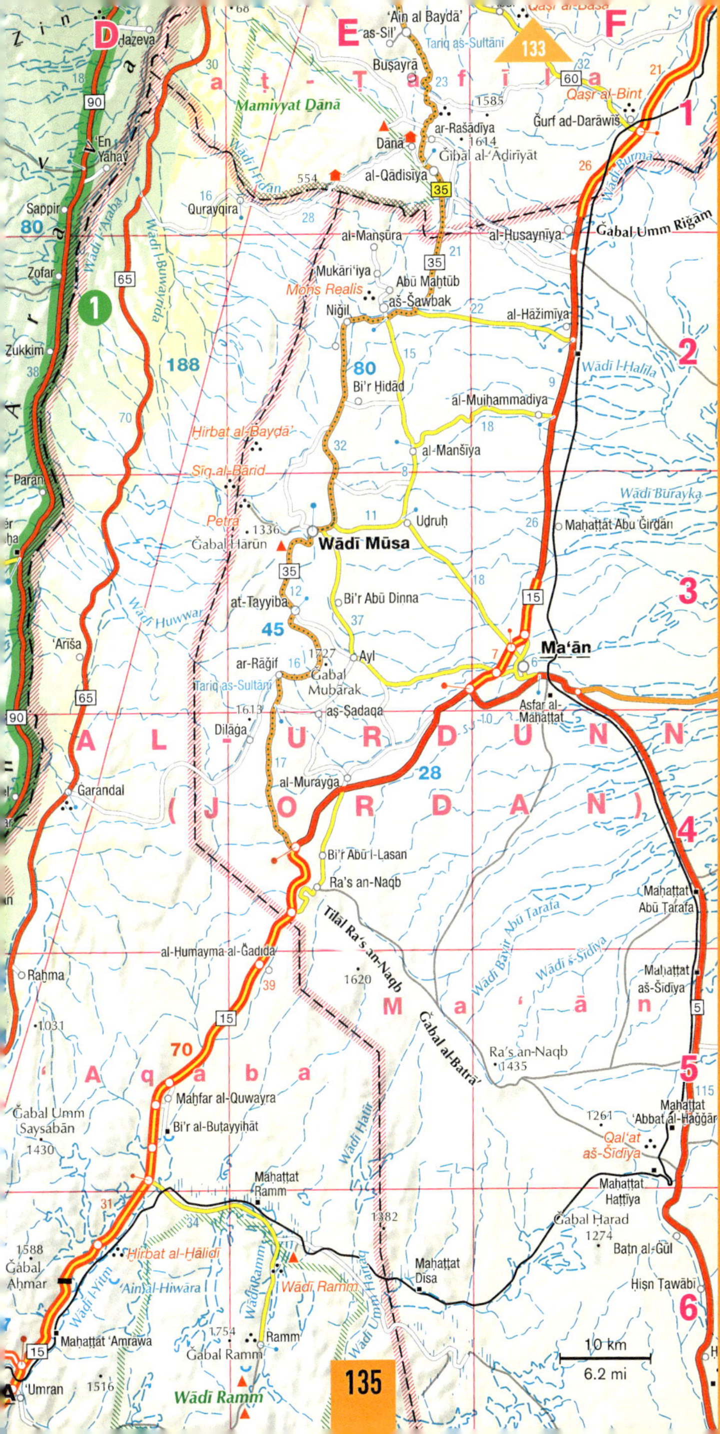
D
E
F
133
1
2
3
4
5
6
'Ain al Baydā'
as-Sil'
Qaṣr al-Bāša
Tariq aṣ-Sulṭānī
Buṣayrā
aṭ-Ṭafīla
Mamiyyat Dānā
Qaṣr al-Bint
Ǧurf ad-Darāwiš
ar-Rašādīya
1585
1614
Dānā
Ǧibāl al-'Aḏiriyāt
al-Qādisiya
554
Wādī l-Fidān
Wādī Burmā
Ḥazeva
90
'En Yahav
Sappir
80
Quraiqira
al-Manṣūra
al-Husayniya
Ǧabal Umm Riǧām
Zofar
65
Mukāri'iya
Abū Maḥtūb
Mons Realis
aš-Šawbak
Niǧil
al-Hāzimiya
Wādī l-'Araba
Wādī l-Buwayrida
Zukkim
188
Wādī l-Ḥalila
Bi'r Ḥidād
al-Muḥammadiya
Ḫirbat al-Baydā'
al-Manšiya
Ṣīq al-Bārid
Paran
Wādī Burayka
Petra
1336
Udruḥ
Ǧabal Hārūn
Wādī Mūsā
Maḥaṭṭat Abu Ǧirdān
35
15
at-Ṭayyiba
Bi'r Abū Dinna
45
Wādī Huwwar
'Ariša
ar-Rāǧif
1727
Ǧabal Mubārak
Ayl
Ma'ān
Tariq as-Sulṭānī
Asfar al-Maḥaṭṭat
1613
Dilāǧa
aṣ-Ṣadaqa
A L - U R D U N N
(J O R D A N)
Garandal
al-Murayġa
28
Bi'r Abū l-Lasan
Ra's an-Naqb
Maḥaṭṭat Abū Ṭarafa
Tilāl Ra's an-Naqb
Wādī Bayir Abū Ṭarafa
Wādī š-Šidiya
al-Ḥumayma al-Ǧadīda
1620
Raḥma
39
Maḥaṭṭat aš-Šidiya
M a ' ā n
1031
Ǧabal al-Batrā'
Ra's an-Naqb
1435
70
' A q a b a
Maḥfar al-Quwayra
Bi'r al-Buṭayyiḥāt
Ǧabal Umm Saysabān
1430
1261
Maḥaṭṭat 'Abbat al-Ḥaǧǧār
Qal'at aš-Šidiya
Wādī Ḥafīr
Maḥaṭṭat Ramm
Maḥaṭṭat Ḥattiya
1382
Ǧabal Harad
1274
Baṭn al-Ġūl
1588
Ǧabal Aḥmar
Ḫirbat al-Ḫālidī
Ain al-Ḥiwāra
Wādī Ramm
Maḥaṭṭat Disa
Ḥiṣn Ṭawābī
Wādī l-Yitm
Wādī Umm Ḥarāq
Maḥaṭṭat 'Amrawa
1754
Ǧabal Ramm
Ramm
10 km
6.2 mi
'Umran
1516
Wādī Ramm

KARTENLEGENDE

- (18) (26) Autobahn mit Anschlussstellen / Motorway with junctions
- Autobahn in Bau / Motorway under construction
- Mautstelle / Toll station
- Raststätte mit Übernachtung / Roadside restaurant and hotel
- Raststätte / Roadside restaurant
- Tankstelle / Filling-station
- Autobahnähnliche Schnellstraße mit Anschlussstelle / Dual carriage-way with motorway characteristics with junction
- Fernverkehrsstraße / Trunk road
- Durchgangsstraße / Thoroughfare
- Wichtige Hauptstraße / Important main road
- Hauptstraße / Main road
- Nebenstraße / Secondary road
- Fernverkehrsbahn / Main line railway
- Autozug-Terminal / Car-loading terminal
- Bergbahn / Mountain railway
- Kabinenschwebebahn / Aerial cableway
- Sessellift / Chair-lift
- Eisenbahnfähre / Railway ferry
- Autofähre / Car ferry
- Schifffahrtslinie / Shipping route
- Landschaftlich besonders schöne Strecke / Route with beautiful scenery
- Alleenstr. — Touristenstraße / Tourist route
- Straße für Kfz gesperrt / Road closed to motor traffic
- 8% — Bedeutende Steigungen / Important gradients
- Grenzkontrollstelle / Check-point
- Grenzkontrollstelle mit Beschränkung / Check-point with restrictions

- *Observatory* / *En Gedi* — Sehenswert: Kultur - Natur / Of interest: culture - nature
- Badestrand / Bathing beach
- Besonders schöner Ausblick / Important panoramic view
- Nationalpark, Naturpark / National park, nature park
- Sperrgebiet / Prohibited area
- Kirche, Kloster / Church, Monastery
- Moschee / Mosque
- Kasbah, Maraboutgrabmal / Kasba, Tomb Marabout
- Schloss, Burg / Palace, castle
- Ruinen / Ruins
- Leuchtturm, Turm / Lighthouse, Tower
- Maurische Burg / Moorish castle
- Höhle, Monument / Cave, Monument
- Ausgrabungsstätte / Archaeological excavation
- Feriendorf / Tourist colony
- Allein stehendes Hotel / Isolated hotel
- Campingplatz / Camping site
- Palmenhain / Grove of palm-trees
- Flughafen, Regionalflughafen / Airport, Regional airport
- Staatsgrenze / National boundary
- Umstrittene Staatsgrenze / Controversial boundary
- Palästinensische Autonomiegebiete 'A-Zonen' / Full Palestinian civil and security control
- **JERUSALEM** — Hauptstadt / Capital
- **HAIFA** — Verwaltungssitz / Seat of the administration
- MARCO POLO Erlebnistour 1 / MARCO POLO Discovery Tour 1
- MARCO POLO Erlebnistouren / MARCO POLO Discovery Tours
- (1) MARCO POLO Highlight / MARCO POLO Highlight

FÜR IHRE NÄCHSTE REISE ...

ALLE **MARCO POLO** REISEFÜHRER

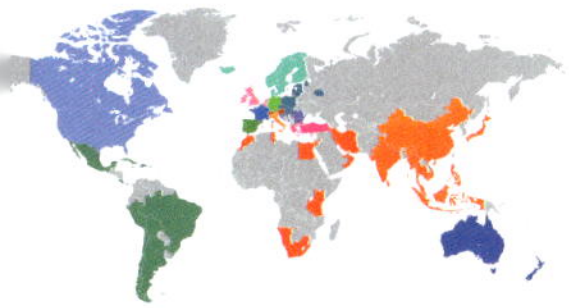

DEUTSCHLAND

Allgäu
Bayerischer Wald
Berlin
Bodensee
Chiemgau/Berchtesgadener Land
Dresden/Sächsische Schweiz
Düsseldorf
Eifel
Erzgebirge/Vogtland
Föhr & Amrum
Franken
Frankfurt
Hamburg
Harz
Heidelberg
Köln
Lausitz/Spreewald/Zittauer Gebirge
Leipzig
Lüneburger Heide/Wendland
Mecklenburgische Seenplatte
Mosel
München
Nordseeküste Schleswig-Holstein
Oberbayern
Ostfriesische Inseln
Ostfriesland/Nordseeküste Niedersachsen/Helgoland
Ostseeküste Mecklenburg-Vorpommern
Ostseeküste Schleswig-Holstein
Pfalz
Potsdam
Rheingau/Wiesbaden
Rügen/Hiddensee/Stralsund
Ruhrgebiet
Schwarzwald
Stuttgart
Sylt
Thüringen
Usedom/Greifswald
Weimar

ÖSTERREICH SCHWEIZ

Kärnten
Österreich
Salzburger Land
Schweiz
Steiermark
Tessin
Tirol
Wien
Zürich

FRANKREICH

Bretagne
Burgund
Côte d'Azur/Monaco
Elsass
Frankreich
Französische Atlantikküste
Korsika
Languedoc-Roussillon
Loire-Tal
Nizza/Antibes/Cannes/Monaco
Normandie
Paris
Provence

ITALIEN MALTA

Apulien
Dolomiten
Elba/Toskanischer Archipel
Emilia-Romagna
Florenz
Gardasee
Golf von Neapel
Ischia
Italien
Italienische Adria
Italien Nord
Italien Süd
Kalabrien
Ligurien/Cinque Terre
Mailand/Lombardei
Malta & Gozo
Oberital. Seen
Piemont/Turin
Rom
Sardinien
Sizilien/Liparische Inseln
Südtirol
Toskana
Venedig
Venetien & Friaul

SPANIEN PORTUGAL

Algarve
Andalusien
Azoren
Barcelona
Baskenland/Bilbao
Costa Blanca
Costa Brava
Costa del Sol/Granada
Fuerteventura
Gran Canaria
Ibiza/Formentera
Jakobsweg Spanien
La Gomera/El Hierro
Lanzarote
La Palma
Lissabon
Madeira
Madrid
Mallorca
Menorca
Portugal
Spanien
Teneriffa

NORDEUROPA

Bornholm
Dänemark
Finnland
Island
Kopenhagen
Norwegen
Oslo
Schweden
Stockholm
Südschweden

WESTEUROPA BENELUX

Amsterdam
Brüssel
Cornwall & Devon
Dublin
Edinburgh
England
Flandern
Irland
Kanalinseln
London
Luxemburg
Niederlande
Niederländische Küste
Oxford
Schottland
Südengland

OSTEUROPA

Baltikum
Budapest
Danzig
Krakau
Masurische Seen
Moskau
Plattensee
Polen
Polnische Ostseeküste/Danzig
Prag
Slowakei
St. Petersburg
Tallinn
Tschechien
Ungarn
Warschau

SÜDOSTEUROPA

Bulgarien
Bulgarische Schwarzmeerküste
Kroatische Küste Dalmatien
Kroatische Küste Istrien/Kvarner
Montenegro
Rumänien
Slowenien

GRIECHENLAND TÜRKEI ZYPERN

Athen
Chalkidikí/Thessaloníki
Griechenland Festland
Griechische Inseln/Ägäis
Istanbul
Korfu
Kos
Kreta
Peloponnes
Rhodos
Sámos
Santorin
Türkei
Türkische Südküste
Türkische Westküste
Zákinthos/Itháki/Kefalloniá/Léfkas
Zypern

NORDAMERIKA

Chicago und die Großen Seen
Florida
Hawai'i
Kalifornien
Kanada
Kanada Ost
Kanada West
Las Vegas
Los Angeles
New York
San Francisco
USA
USA Ost
USA Südstaaten/New Orleans
USA Südwest
USA West
Washington D.C.

MITTEL- UND SÜDAMERIKA

Argentinien
Brasilien
Chile
Costa Rica
Dominikanische Republik
Jamaika
Karibik/Große Antillen
Karibik/Kleine Antillen
Kuba
Mexiko
Peru & Bolivien
Yucatán

AFRIKA UND VORDERER ORIENT

Ägypten
Djerba/Südtunesien
Dubai
Iran
Israel
Jordanien
Kapstadt/Wine Lands/Garden Route
Kapverdische Inseln
Kenia
Marokko
Marrakesch
Namibia
Oman
Rotes Meer & Sinai
Südafrika
Tansania/Sansibar
Tunesien
Vereinigte Arabische Emirate

ASIEN

Bali/Lombok/Gilis
Bangkok
China
Hongkong/Macau
Indien
Indien/Der Süden
Japan
Kambodscha
Ko Samui/Ko Phangan
Krabi/Ko Phi Phi/Ko Lanta/Ko Jum
Malaysia
Myanmar
Nepal
Peking
Philippinen
Phuket
Shanghai
Singapur
Sri Lanka
Thailand
Tokio
Vietnam

INDISCHER OZEAN UND PAZIFIK

Australien
Malediven
Mauritius
Neuseeland
Seychellen

Viele MARCO POLO Reiseführer gibt es auch als eBook – und es kommen ständig neue dazu!
Checken Sie das aktuelle Angebot einfach auf: www.marcopolo.de/e-books

REGISTER

Im Register sind alle in diesem Band erwähnten Orte und Ausflugsziele verzeichnet sowie eine Reihe wichtiger Namen und geografischer Begriffe. Gefettete Seitenzahlen verweisen auf den Haupteintrag.

SCHREIBEN SIE UNS!

Egal, was Ihnen Tolles im Urlaub begegnet oder Ihnen auf der Seele brennt, lassen Sie es uns wissen! Ob Lob, Kritik oder Ihr ganz persönlicher Tipp – die MARCO POLO Redaktion freut sich auf Ihre Infos.
Wir setzen alles dran, Ihnen möglichst aktuelle Informationen mit auf die Reise zu geben. Dennoch schleichen sich manchmal Fehler ein – trotz gründlicher Recherche unserer Autoren/innen. Sie haben sicherlich Verständnis, dass der Verlag dafür keine Haftung übernehmen kann.

MARCO POLO Redaktion
MAIRDUMONT
Postfach 31 51
73751 Ostfildern
info@marcopolo.de

IMPRESSUM
Titelbild: Klagemauer, Jerusalem (corbis/Blue images)
Fotos: corbis/Blue images (1 o.); DuMont Bildarchiv: Argus (8, 112, 114/115); © fotolia.com/foodcolors (18 o.); Getty Images: W. Bibikow (4 o., 96/97); Getty Images/hemis.fr: B. Rieger (128/129); Getty Images/Westend61 (3); G. Hartmann (7, 9, 85, 116 o.); huber-images: M. Borchi (2, 71), R. Schmid (Klappe l., 30, 47, 74, 79, 90, 102), TC (17); F. Ihlow (30/31); F. Knupper (1 u.); La Terra Magica: Lenz (31, 72, 88); Laif: E. Gerald (114), N. Hilger (10), A. Hub (20/21), C. Kern (14), T. Linkel (32/33, 34, 56, 58, 117), D. Schwelle (116 u.), A. Shabi (115); Laif/Gamma-Rapho/Jacana: K. Amsler (110); Laif/hemis.fr: L. Maisant (48); Laif/Israel Sun-Re: M. Milstein (6); Laif/Le Figaro Magazine: Martin (86/87); Laif/Polaris (80), N. Manarios (83); Laif/Redux/NYT: R. Castelnuovo (22); Laif/Redux/VWPics: L. Vallecillos (12/13, 66); Laif/robertharding: G. Hellier (42); Look: E. Fleisher (112/113), C. Jorda (93); Look/age fotostock (4 u., 107); Look/Design Pics (53); Look/TerraVista (63); mauritius images: Dr. W. Bahnmüller (104), S. Frölich (68/69), Novarc (64/65), E. Wrba (Klappe r., 28 r., 29, 50, 76); mauritius images/Alamy (19 o., 39, 113), Y. Dagan (18 M.), E. Gerald (25), B. Rottem (18 u.); mauritius images/Alamy/RooM the Agency (54/55); mauritius images/Cultura (108/109); mauritius images/PhotoStock-Israel/Alamy (41); mauritius images/Pixtal (28 l.); mauritius images/TPP: A. Nurullina (26/27); mauritius images/Travel Collection (36, 95); Philip Blau: Anatoly Michaelo (19 u.); vario images/Cultura (11); vario images/Design Pics (5, 60/61)

13., aktualisierte Auflage 2019

Autor: Gerhard Heck; Bearbeiterin: Franziska Knupper; Redaktion: Nadia Al Kureischi
Bildredaktion: Stefanie Wiese
Im Trend: wunder media, München
Kartografie Reiseatlas: © MAIRDUMONT, Ostfildern; Kartografie Faltkarte: © MAIRDUMONT, Ostfildern
Gestaltung Cover, S. 1, Faltkartencover: Karl Anders – Studio für Brand Profiling, Hamburg; Gestaltung innen: milchhof:atelier, Berlin; Gestaltung S. 2/3, Erlebnistouren: Susan Chaaban Dipl.-Des. (FH)
Sprachführer: in Zusammenarbeit mit Ernst Klett Sprachen GmbH, Stuttgart, Redaktion PONS Wörterbücher

Printed in Italy

FSC www.fsc.org MIX Paper from responsible sources FSC® C015829

BLOSS NICHT

Einige Hinweise, die Ärger oder Enttäuschungen ersparen können

DIE SHABBAT-RUHE STÖREN

Gott ruhte am siebten Schöpfungstag, und in der Bibel verlangt er von den Menschen, dies auch zu tun. Aber er verlangt noch mehr, z. B. „Ihr sollt kein Feuer anzünden in all Euren Stätten am Shabbat" (2. Moses 35,3). Für fromme Juden gilt dieses Gebot absolut: Deshalb rauchen sie am Shabbat nicht. In vielen Hotels werden nachlässige Besucher am Shabbat durch Tischkärtchen gebeten, sich dieser Sitte anzuschließen. Wegen 2. Mose, Vers 35 fahren orthodoxe Juden am Shabbat auch kein Auto, weil der Zündfunke im Motor eine neuzeitliche Variante von Feuer ist. Der Stadtteil Mea Shearim in Jerusalem ist an diesem Tag für alle Autos gesperrt. Am Shabbat wollen die Gläubigen an der Klagemauer nicht fotografiert werden. Das sollte man unbedingt respektieren, denn die Betroffenen unterbinden notfalls jeden Versuch in Selbsthilfe.

ENTTÄUSCHT SEIN ÜBER DAS GESCHÄFT „HEILIGES LAND"

Im Heiligen Land und besonders an den Heiligen Stätten geht es auch sehr irdisch zu. Tiefe Religiosität und gnadenloses Abzocken – beides ist gleichzeitig zu erleben. In Jerusalem und um die Grabeskirche am heftigsten: Dornenkronen in den Größen S bis XXL werden als Souvenirs angeboten und schwere Holzkreuze zum Tragen auf dem Passionsweg entlang der 14 Stationen der Via Dolorosa gegen Gebühr ausgeliehen. Auch am Grab Jesu, im Zentrum der Grabeskirche, steht immer ein Geistlicher, der die Eintretenden mit dezent ausgestreckter Hand um eine Spende bittet. Die erhält er auch, denn wer will schon dem frommen Diener des Herrn an dessen Grab eine Spende verweigern. Aber man sollte wissen: Es gibt unter den vielen in Jerusalem vertretenen christlichen Konfessionen nur sechs, die in der Grabeskirche vertreten sind und die in jahrhundertelangen Streitereien einen exakten Zeitplan für dieses Spendensammeln ausgehandelt haben.

IM BEN-GURION-FLUGHAFEN GELD TAUSCHEN

Touristen erwerben gern unmittelbar nach Ankunft die Landeswährung, damit sie erste Ausgaben gleich bezahlen können. Wenn überhaupt, dann sollten Sie nur eine kleine Summe im Ben-Gurion-Flughafen tauschen, denn dort zahlen Sie außer den Gebühren noch eine „Airport-Tax", die sich nach der Höhe des Umtauschbetrags richtet und bei 100 Euro ca. 10 Prozent beträgt.

DEN SHABBAT-AUFZUG BENUTZEN

In den Hotelhochhäusern gibt es mehrere Fahrstühle. Da der Herr am siebten Tag Arbeit untersagt, dürfen fromme Juden am Shabbat keinen Fahrstuhlknopf drücken. Deshalb wird in jedem Hotel von Freitagabend bis Samstagabend ein Aufzug so codiert, dass er in jedem Stockwerk automatisch hält. Wenn Sie diesen Aufzug benutzen, benötigen Sie bis zu Ihrem Zimmer im 25. Stock eine halbe Stunde.